Omaggio a Milano

ALINARI 24 ORE

Direzione editoriale
Giovanna Naldi

Testo di
Carlo Castellaneta

Traduzioni
Erika Pauli-Studio Comunicare

Ricerca iconografica
Laura Rossi

Layout
Lorenzo Mennonna

Stampa
Lito Terrazzi-Firenze

Largo Alinari, 15
Firenze

http://www.alinari.it
e-mail: info@alinari.it

ISBN 88 7292-481-2

In copertina:
Piazza della Scala con il Teatro omonimo,
e il monumento a Leonardo da Vinci, 1890 ca.
Stabilimento Fotografico dei Fratelli Alinari
(Archivi Alinari - archivio Alinari, Firenze)

“QUI IL TEMPO È DENARO”

Carlo Castellaneta

Una caratteristica della milanesità è il passo dei suoi abitanti. I milanesi non passeggiano, semplicemente si spostano da una strada all'altra, da un negozio ad uno shop-center obbedendo ad una massima che qui è più rispettata che altrove: cioè che il tempo è denaro e non va mai sprecato.
Se vedete qualcuno che passeggia è perché sta facendo shopping confrontando vetrine e prezzi, o comunque meditando un acquisto in quel grande mercato di occasioni che è il centro della city. Così fare acquisti diventa il passatempo principale del turista nella convinzione che non solo vendere ma anche comperare sia un'arte, scegliendo ogni articolo con competenza e lungimiranza.
Basta vedere come le Fiere specializzate, dal mobile al soprammobile, diventino ogni volta eventi cittadini e mobilitino folle di curiosi oltre che di acquirenti, e come persino la pittura sia diventata un grande business con il concorso delle più importanti gallerie di arte contemporanea visitate nei giorni del Mi.Art non solo dai grandi collezionisti ma anche da curiosi e da comuni amatori.
Per non dire delle fiere proposte dal calendario come quelle di rione, detta degli “O bej o bej” che si tiene a dicembre in piazza S. Ambrogio.
Tra i titoli onorifici di Milano vi è anche quello di “capitale della musica” con la Scala, con il nuovo Auditorium, con il Conservatorio, con la Società del Quartetto, mentre la fama dei suoi musei sta crescendo nel Mondo, dalla Pinacoteca di Brera al

“HERE TIME IS MONEY”

One of things that makes Milan Milan, is the way the Milanesi walk. They don't stroll, they simply move from one street to another, from one shop to another in line with a principle respected here more than elsewhere: time is money and should never be wasted.
If you see someone strolling along it is because they are shopping and comparing window displays and prices, or are considering buying something in that great emporium that calls itself the city center. Shopping becomes one of the principal pastimes of the tourist convinced that buying as well as selling is an art, choosing every article with the utmost expertise and farsightedness.
Take the specialized Fairs for example. Whether it's furniture or knick-knacks, every fair becomes a city event and musters crowds of people who come just to have a look and not just buyers. Even painting has become big business with the complicity of the most important galleries of modern art visited during the Mi.Art by amateurs and people who are just plain curious as well as by the great collectors.
And how about the fairs scheduled by their dates, like the neighborhood fairs, known as “O bej o bej” *held in December in Piazza S. Ambrogio.*
One of Milan's honorary titles is that of “capital of music” with the Scala, the new Auditorium, the Conservatory, with the Società del Quartetto, while the fame of its museums is growing in the world, from the Brera to Poldi Pezzoli, from the Museo

Poldi Pezzoli, dal Museo della Permanente a quelli del Castello senza trascurare una visita alla Casa-museo del Bagatti-Valsecchi di via Santo Spirito, esempio di abitazione patrizia milanese voluto dalla munificenza di due fratelli che vi profusero il loro patrimonio, nell'Armeria, nel vasellame, e nel mobilio d'epoca.
Occorrerebbe qualche settimana per vedere tutto ciò che la città conserva nei suoi musei a partire dal più importante, quello della Scienza e Tecnica, poi dal Palazzo Reale, dalla sede della Triennale al parco Sempione, fino al piccolo ma singolare Museo del Giocattolo in via Pitteri.
Infine un ultimo suggerimento: il Museo dell'Automobile ad Arese, alle porte di Milano, coi suoi gloriosi cimeli sportivi che incuriosirano piccoli e grandi. E non si dovrà dimenticare di dare un'occhiata alla Sala di scherma del Circolo del Giardino, dove si distinsero in passato i fratelli Mangiarotti e uno spadaccino come Ciro Verratti.
Nello stesso palazzo settecentesco ha sede anche la Biblioteca della Famiglia Meneghina, una delle più celebri istituzioni della città, e custode del dialetto milanese.
Un'altra eccellenza di Milano è il livello della sua cucina, che si esprime nei numerosi ristoranti alcuni dei quali di gran classe come il Four Seasons, il Biffi Scala, il Don Lisander. Ma sono numerosi anche i locali dove si può ordinare un ottimo risotto allo zafferano, una cotoletta cucinata a regola d'arte e pesce di prima qualità compresi frutti di mare e crostacei che neanche a Napoli...Se c'è una particolarità che tutti, milanesi e non, sono pronti a riconoscere a Milano è la sua continua mutevolezza, segno di una nevrotica instabilità ma anche di una perenne tendenza verso le novità, la certezza che il nuovo sarà sempre meglio del vecchio.
È questa convinzione che sta all'origine dell'arredo urbano cittadino, dalla segnaletica cittadina alla cartellonistica, che qui sono onorate al pari di moderne divinità, al punto di aver creato il culto della grafica e aver dato a Milano un altro alloro nazionale: quello di capitale della pubblicità.
Del resto allestire vetrine invitanti è una prerogativa tipicamente milanese, perché vi collabora-

della Permanente to that of Castello not to mention the Bagatti-Valsecchi museum-home in Via Santo Spirito, an example of a Milanese patrician residence thanks to the munificence of two brothers who lavished their wealth on arms and armour, glass and chinaware and period furniture.
It would take several weeks to see everything the city has in its museums, from the most important, the Science and Technology Museum, then Palazzo Reale, the premises of the Triennale and the Parco Sempione, up to the small but unique Museum of Toys in Via Pitteri.
One more suggestion: the Automobile Museum in Arese, right outside Milan, with its glorious memorabilia that delight young and old. Nor can one skip the Fencing Room of the Circolo del Giardino, where in the past the Mangiarotti brothers and a swordsman of the caliber of Ciro Verratti distinguished themselves.
The Meneghina Family Library, one of the most famous institutions in the city and custodian of the Milanese dialect, is also in the same eighteenth-century palazzo.
Another outstanding note in Milan is its top-quality cuisine, offered in numerous restaurants, some high-class such as the Four Seasons, Biffi Scala, Don Lisander. But there are any number of small eateries where one can order an excellent saffron risotto, a state of the art cutlet, and fish including seafood and crustaceans of such quality that not even in Naples....If there is anything that just about everyone, Milanese or not, unanimously accredits to Milan, it is its unremitting changeability, sign of a neurotic instability but also of a perennial tendency for innovation, the certainty that the new will always be better than the old.
It is this conviction that underlies the city's urban fixtures, from street signs to commercial art, honored on a par with modern deities, to the point of creating the cult of graphic art and awarding Milan with another national laurel, the capital of advertising.
On the other hand attractive window dressing is another typically Milanese prerogative, calling on the collaboration of antiquarians and merchants, bibliophiles and armourers, with fine prints and water colors serving as background for a book published in the sixteenth century or, portraits of noblemen of the past

no antiquari e mercanti, bibliofili e armaioli, stampe e acquerelli di pregio messi a fare da sfondo a una "cinquecentina" o, ritratti di nobiluomini del passato chiamati a fare da testimonial a un profumo di moda.
Sacro e profano si mescolano di continuo in questa febbrile offerta di cose rare che comprende orologi e bastoni da passeggio, tagli di stoffa inglese e statuette di giada, spille da cravatta e ventagli veneziani, miniature settecentesche, fiasche per polvere da sparo, tutto lo sterminato campionario del bello e del superfluo sopravvissuto nei secoli trova nelle vetrine di Milano i suoi certificati di nobiltà.
Quanto alla moda non diciamo nulla di nuovo affermando che essa è il suo vero atout: le sfilate milanesi richiamano ogni volta gli operatori internazionali più importanti del settore. A questo proposito è giusto consigliare al turista una puntata nel Quadrilatero della Moda (via Manzoni – via Spiga – via S. Andrea – Corso Venezia) per osservare, possibilmente al mattino, il livello di eleganza delle signore milanesi impegnate a "fare commissioni".
Infine c'è un giudizio che non possiamo risparmiarci: Milano è bella o brutta? E' una città a misura d'uomo o è la metropoli crudele e disincantata, l'ingranaggio degli affari, la principale macchina dei quattrini?
Ecco, devo scendere alla prossima e invece mi sono distratto. Mi scusi signora, abbia pazienza, mi faccia passare.

called on to serve as witnesses to the latest perfume.
Sacred and profane are continuously jumbled together in this frenzied offering of rare objects that include clocks and canes, yards of English fabrics and jade statuettes, tie pins and Venetian fans, eighteenth-century miniatures, powder flasks. The entire vast cross-section of the beautiful and the superfluous that has survived the centuries finds its certificates of nobility in the showcases of Milan.
To say that fashions are the honest to goodness trump of Milan is nothing new. Every fashion show in Milan attracts the most important international operators in the field. Incidentally, tourists might like to pass by the so-called Quadrilateral of Fashion (Via Manzoni - Via Spiga - Via S. Andrea - Corso Venezia), best mornings, so they can see just how elegant the Milanese ladies busy "running errands" are.
Ultimately, there's no way we can avoid expressing an opinion as to whether Milan is beautiful or ugly? Whether it is a city on a human scale or a cruel and disenchanted metropolis, a pure business mechanism, the principal money making machine.
Oh dear, I have to get off at the next stop. I guess I got sidetracked. Excuse me, madam, could you let me through. Sorry, but I have to get off.

TAVOLE
PLATES

Piazza del Duomo, 1910 ca.
Una veduta di Piazza del Duomo nel 1910.
Sulla sinistra, l'arco della Galleria Vittorio Emanuele,
costruita da Giuseppe Mengoni a partire dal 1865.
Oppresso da problemi finanziari, l'architetto si tolse la vita
nel 1877 gettandosi dal ponteggio più alto, senza aver visto
conclusa la sua opera, che fu terminata nel 1878.
La piazza più grande di Milano era già gremita
al mattino dai passanti e dalle carrozze private.
Stabilimento Giacomo Brogi
Archivi Alinari - archivio Brogi, n. 4603, Firenze

Piazza del Duomo, ca. 1910
A view of Piazza del Duomo in 1910. On the left the arch of the Galleria Vittorio Emanuele, designed by Giuseppe Mengoni in 1865. Burdened with financial problems, the architect put an end to his life in 1877 throwing himself off the highest scaffolding, before the inauguration of the gallery in 1878. Mornings the largest square in Milan was already crowded with passersby and private carriages.
Stabilimento Giacomo Brogi
Alinari Archives - Brogi archive, n. 4603, Florence

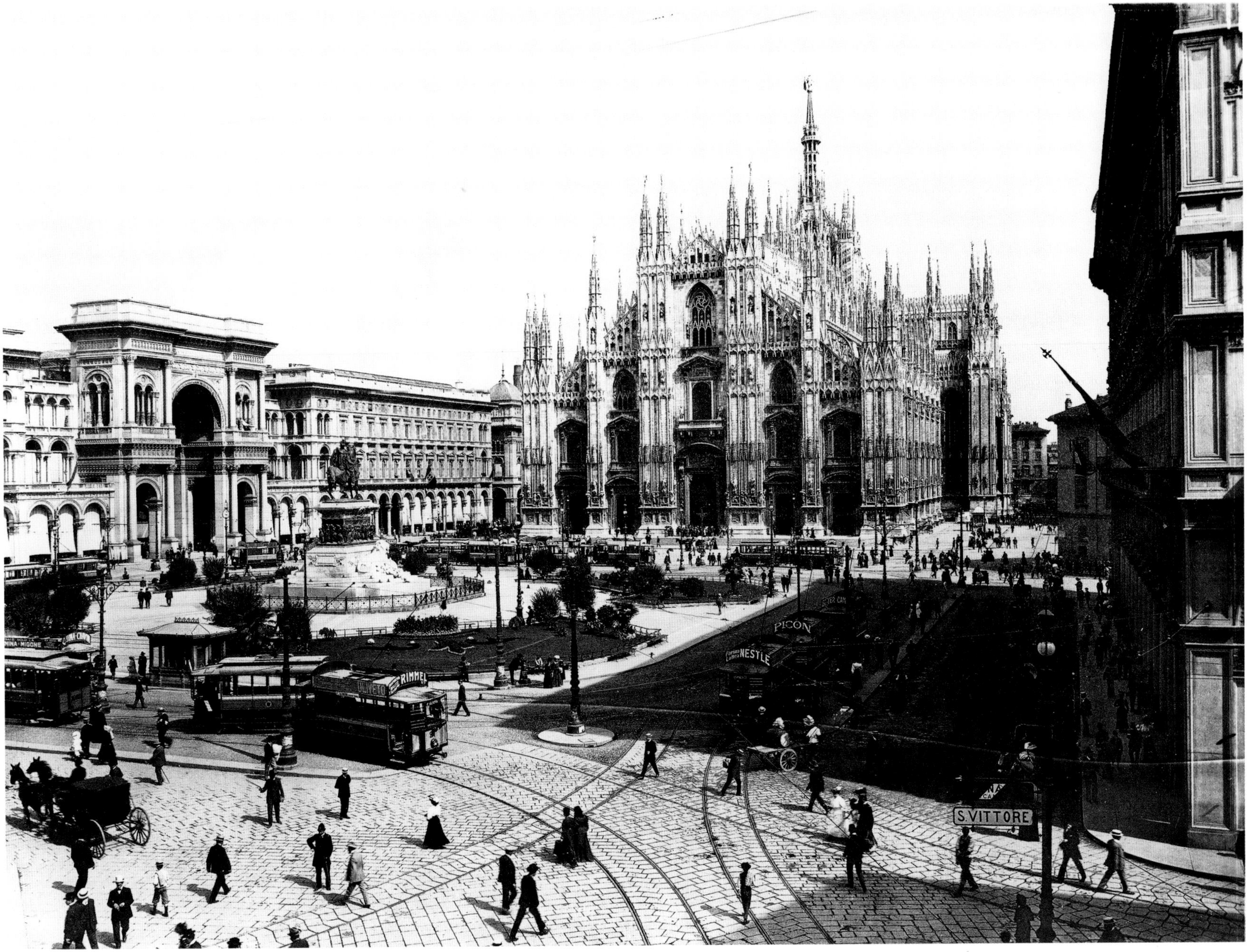
PICON
NESTLE
RIMMEL
OLIVETO
S.VITTORE

Dettaglio della facciata del Duomo, 1860 ca.
Un'inquadratura particolarmente suggestiva di una delle guglie della facciata del Duomo realizzata da un noto atelier fotografico degli anni ancora 'pionieristici' del nuovo mezzo di riproduzione. Da sottolineare l'originalità e 'modernità' del taglio scelto per riprendere il particolare architettonico, perfettamente centrato e fortemente in primo piano, in contrapposizione con il sottostante panorama della piazza e dell'agglomerato urbano.
Hippolyte Deroche e Francesco Heyland
Museo di Storia della Fotografia Fratelli Alinari, n. bcc 224, Firenze

Detail of the Cathedral facade, ca. 1860
A particularly fascinating shot of one of the spires of the facade of the cathedral taken by a well-known photographic studio in the "pioneer" years of this new method of reproduction. Of particular note the originality and "modern" aspect of the way this architectural detail is famed, perfectly centered and in a close-up, in contrast with the panorama below of the square and the city.
Hippolyte Deroche and Francesco Heyland
Fratelli Alinari Museum of the History of Photography, n. bcc 224, Florence

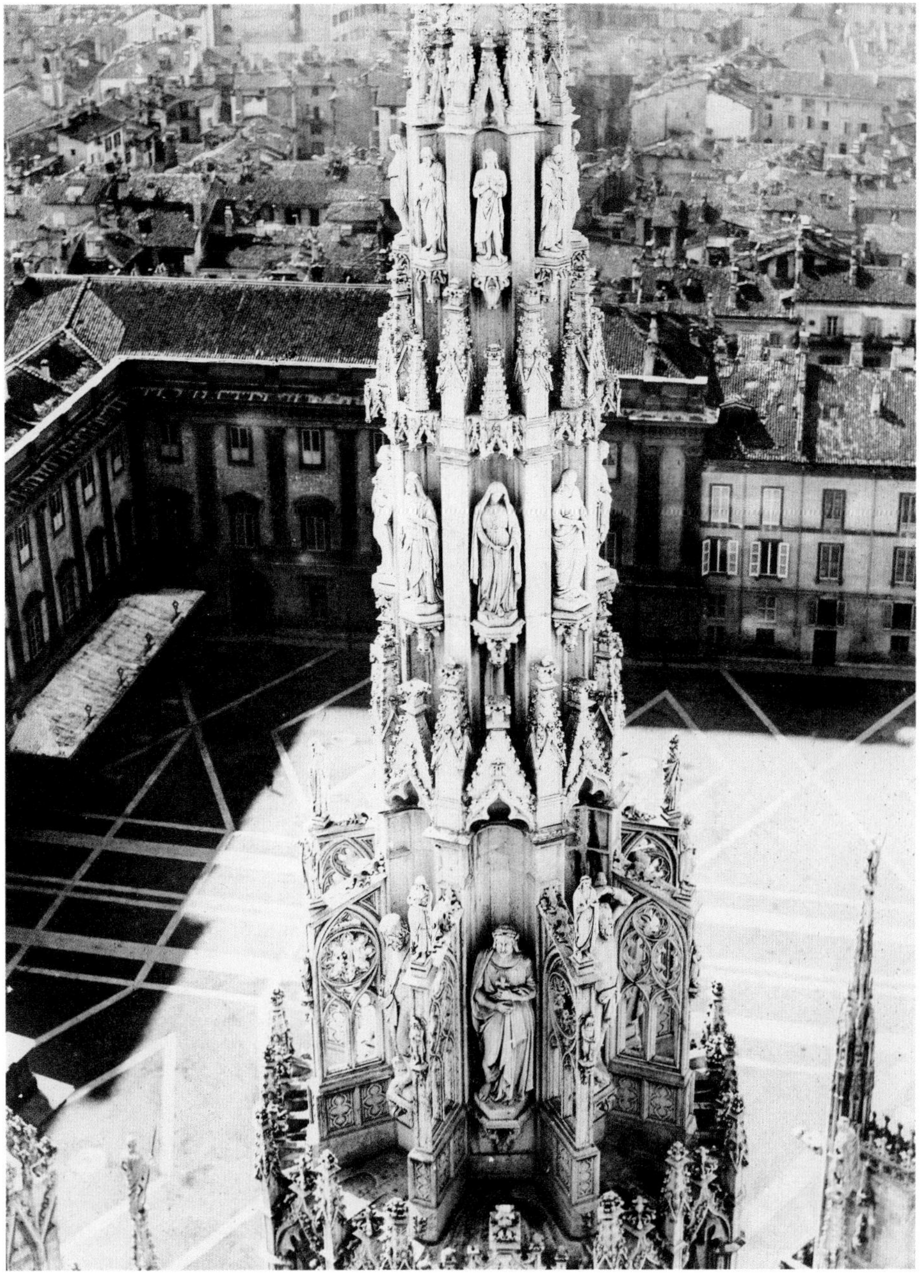

Particolare della Cattedrale, 1890 ca.
Il tetto del Duomo nel 1890. Il panorama superbo della metropoli attirava fin da allora gli sfaccendati, ancora prima che arrivassero i turisti ad ammirare la città dall'alto e i tram elettrici con le prime scritte pubblicitarie. Solo agli inizi del nuovo secolo fu installato l'ascensore che raggiungeva la terrazza.
Stabilimento Giacomo Brogi
Archivi Alinari - archivio Brogi, n. 3820a, Firenze

Detail of the Cathedral, ca. 1890
The roof of the Cathedral in 1890. The superb panorama of the city was already attracting idlers, way before the advent of the tourists who came to admire the city from on high and the electric trams with the first advertising slogans. The elevator to the terrace was not installed until the beginning of the twentieth century.
Stabilimento Giacomo Brogi
Alinari Archives - Brogi archive, n. 3820a, Florence

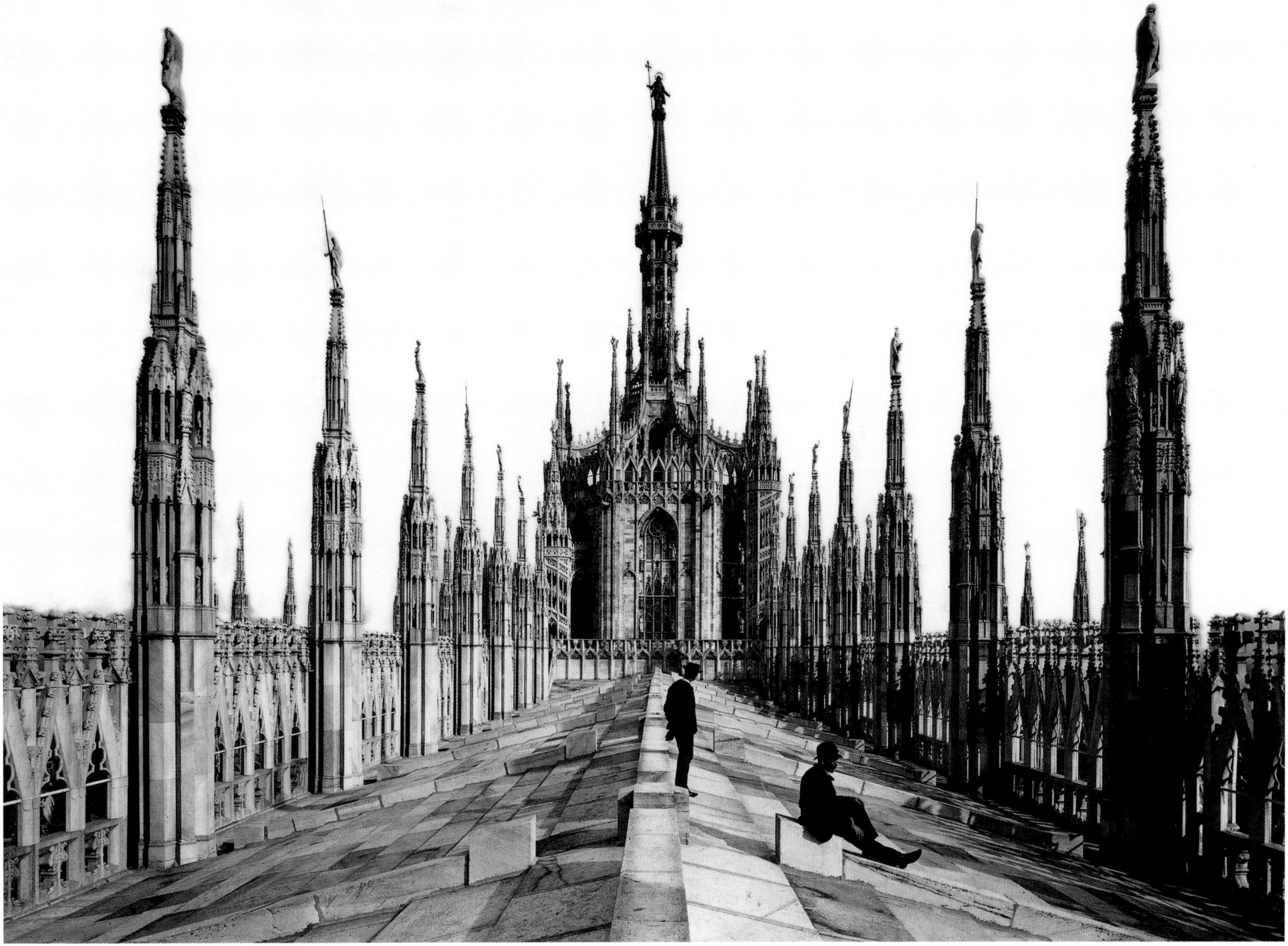

Arco della Galleria Vittorio Emanuele, 1900 ca.
Una domenica agli inizi del secolo. La piazza è sempre stata considerata dai milanesi il luogo tradizionale degli appuntamenti all'ora dell'aperitivo. I tram del centro avevano qui il loro capolinea, mentre i piccioni non avevano ancora conquistato il sagrato.
Stabilimento Giacomo Brogi
Archivi Alinari - archivio Brogi, n. 4605, Firenze

Arch of the Galleria Vittorio Emanuele, ca. 1900
A Sunday in the early 1900s. Traditionally the piazza was the place where the Milanesi would meet for their aperitif. The city trams had their terminus here and the pigeons had not yet taken over the area in front of the Cathedral.
Stabilimento Giacomo Brogi
Alinari Archives - Brogi archive, n. 4605, Florence

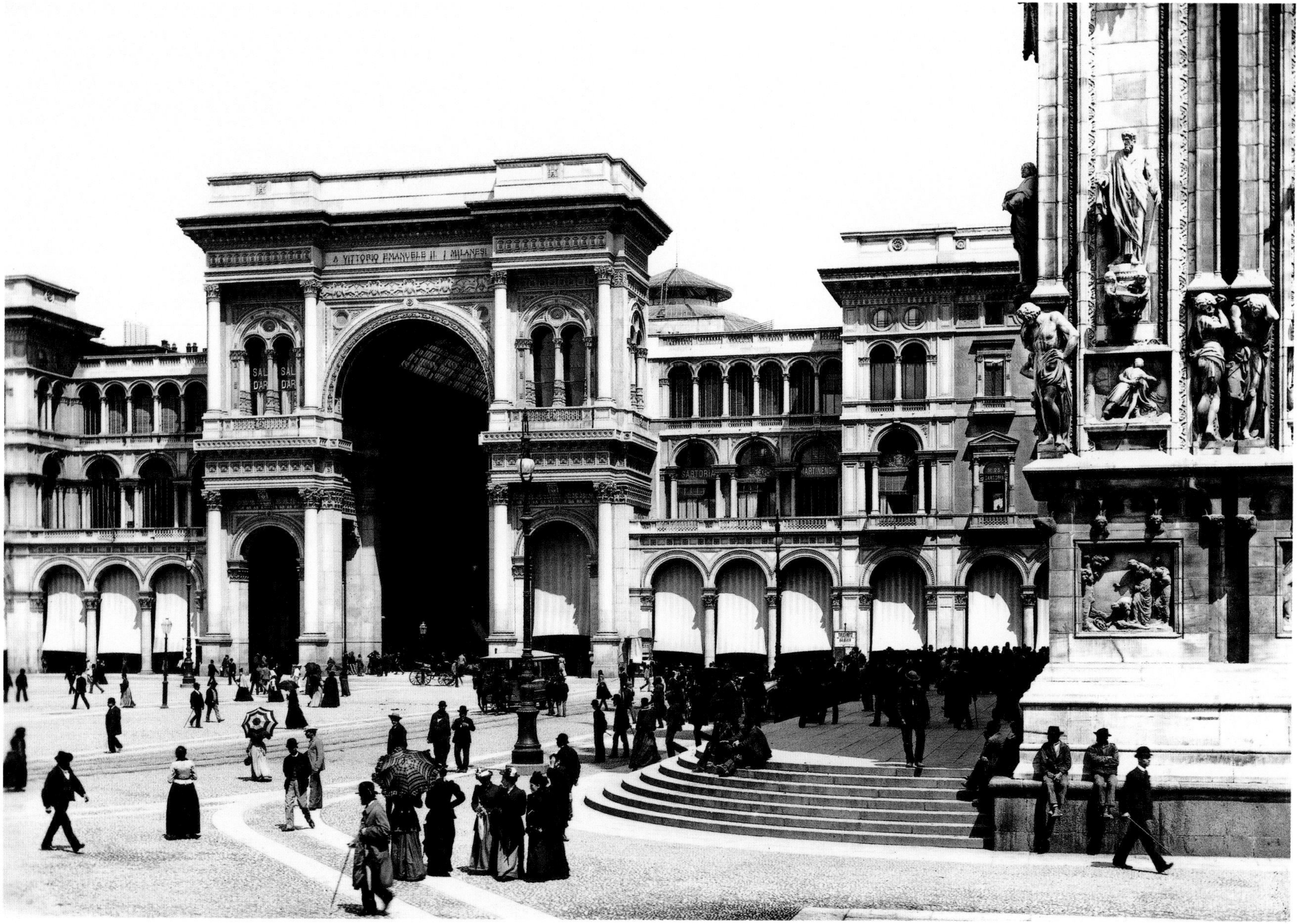
A VITTORIO EMANUELE II. I MILANESI
SARTORIA
SARTORIA

Ottagono della Galleria Vittorio Emanuele, 1900 ca.
L'Ottagono della Galleria coi suoi celebri
caffè, tuttora frequentati dai visitatori stranieri, attratti
dai mosaici del pavimento come dalle vetrine dei negozi,
un tempo tra i più lussuosi della città.
Stabilimento Giacomo Brogi
Archivi Alinari - archivio Brogi, n. 4608, Firenze

Octagon of the Galleria Vittorio Emanuele, ca. 1900
The Octagon of the Galleria with its famous cafes,
mosaic paving and shop windows, once the most luxurious
in the city, is still a main attraction for visitors from abroad.
Stabilimento Giacomo Brogi
Alinari Archives - Brogi archive, n. 4608, Florence

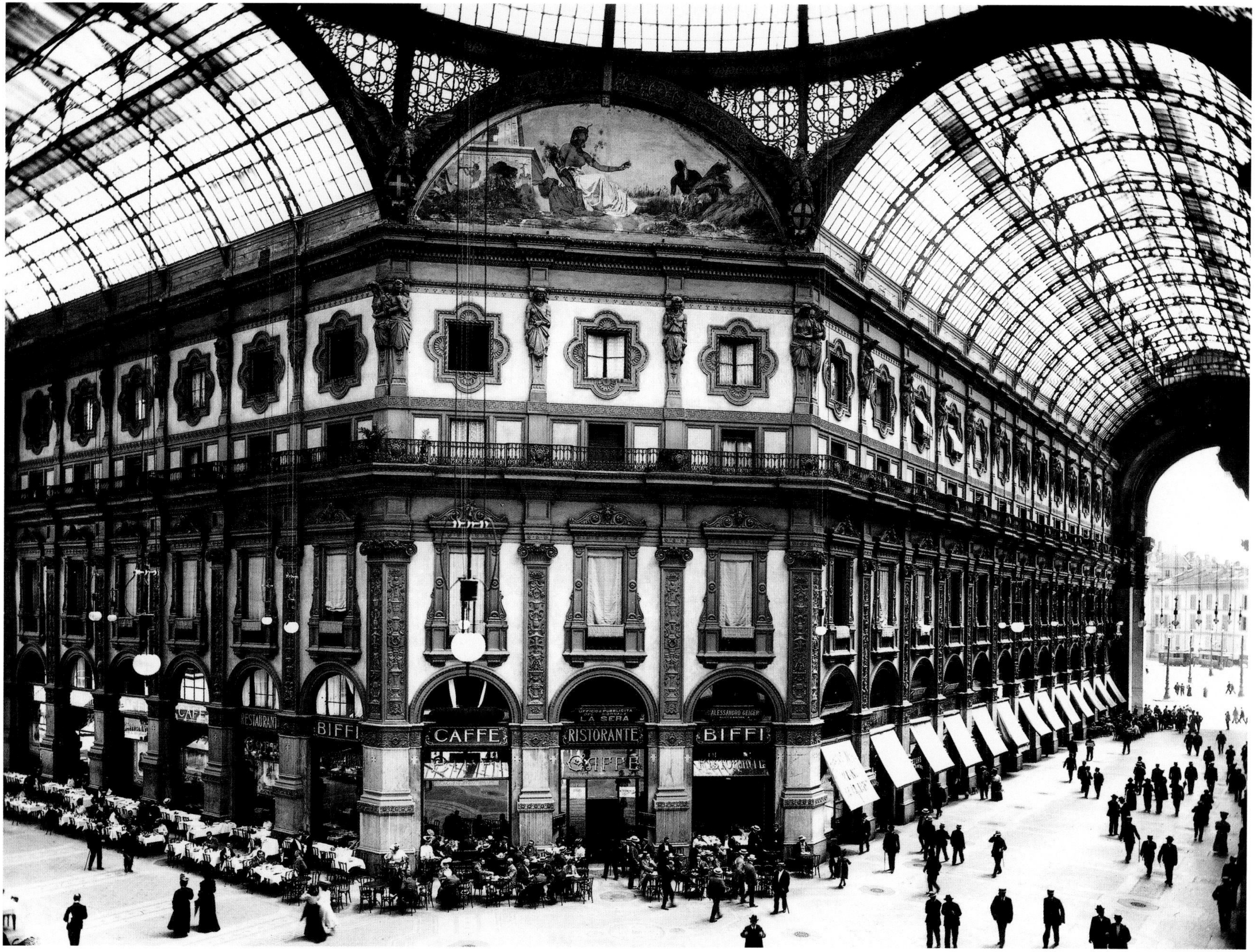
RESTAURANT
BIFFI
CAFFE
LA SERA
RISTORANTE
ALESSANDRO GEIGER
BIFFI

Palazzo Arcivescovile. Il cortile, 1910 ca.
Il cortile del Palazzo dell'Arcivescovato, costruito nel tardo Quattrocento, grazie alla munificenza dell'arcivescovo Guido Antonio Arcimboldi, il quale, con questo edificio risolse l'annosa questione di una sede per l'arcivescovo e i canonici. In questa immagine è visibile il cortile dopo i rifacimenti eseguiti nel 1899.
Stabilimento Giacomo Brogi
Archivi Alinari - archivio Brogi, n. 13052, Firenze

Palazzo Arcivescovile. The courtyard, ca. 1910
The courtyard of the Archbishop's Palace, built in the late fifteenth century thanks to the munificence of the Archbishop Guido Antonio Arcimboldi. With this building he solved the age-old problem of the headquarters for the bishop and the canons. This picture shows the courtyard after the 1899 renovation.
Stabilimento Giacomo Brogi
Alinari Archives - Brogi archive, n. 13052, Florence

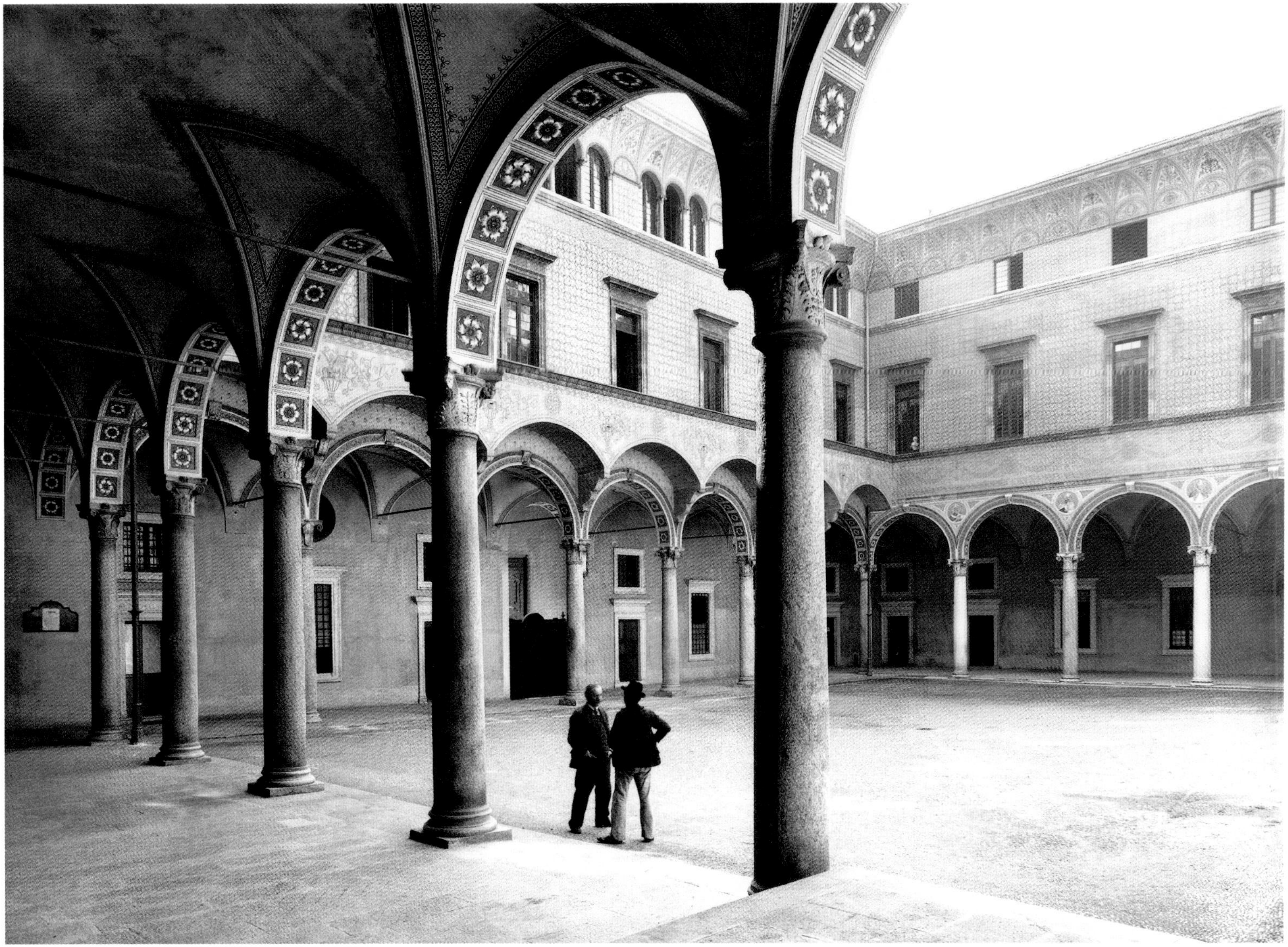

Angolo di piazza del Duomo e via Carlo Alberto.
Veduta animata, 1900 ca.
Uno scorcio della piazza chiusa dall'edificio
di via Carlo Alberto costruito dirimpetto al Duomo.
In primo piano si può notare uno spazzino comunale
col suo caratteristico carretto delle immondizie.
Stabilimento Giacomo Brogi
Archivi Alinari - archivio Brogi, n. 5999, Firenze

Corner of Piazza del Duomo and Via Carlo Alberto.
An animated moment, ca. 1900
A view of the piazza closed off by the building
in Via Carlo Alberto built right across from the Cathedral.
In the foreground is a street cleaner with his
characteristic pushcart.
Stabilimento Giacomo Brogi
Alinari Archives - Brogi archive, n. 5999, Florence

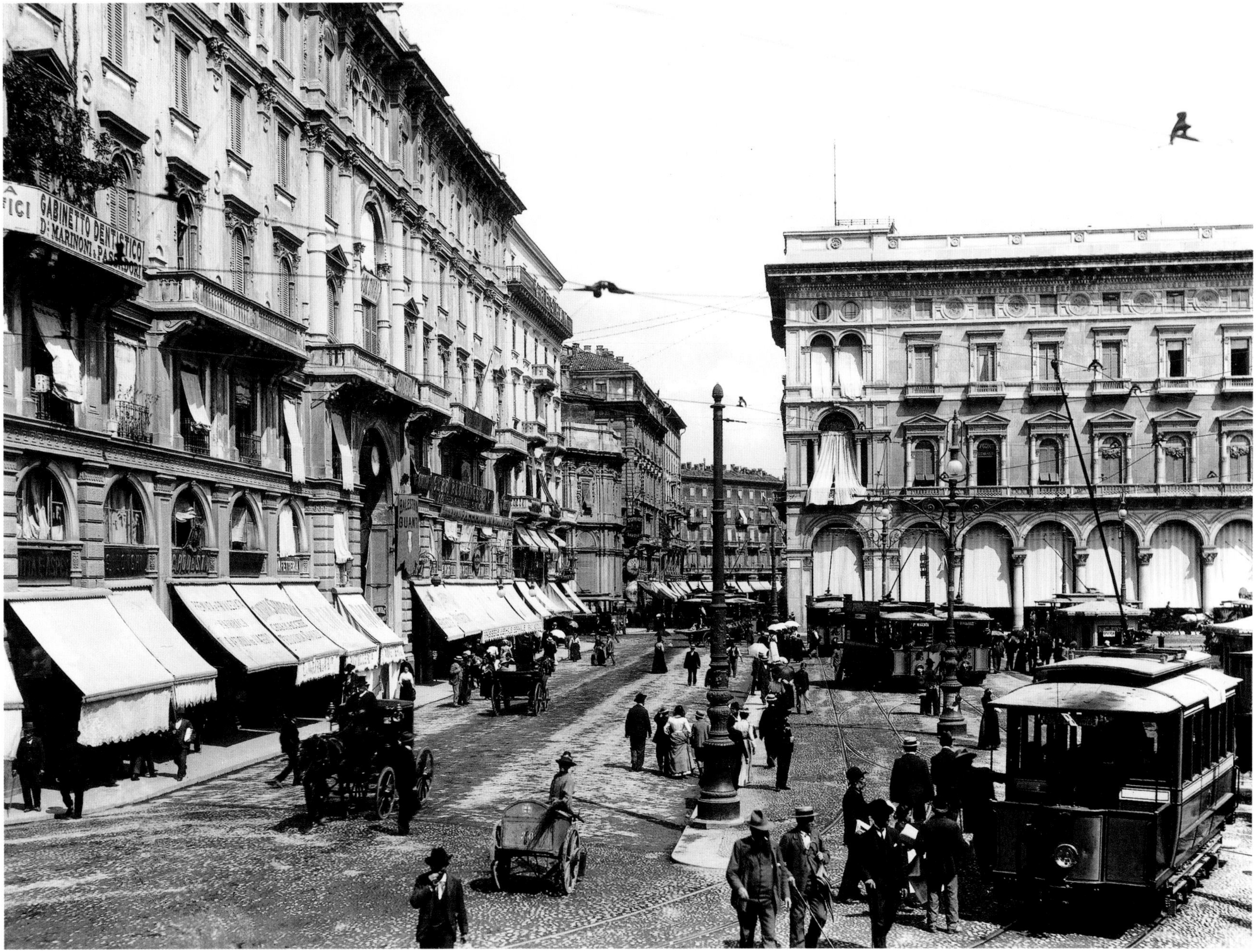
GABINETTO DENTISTICO
GUANTI

Palazzo Bocconi, 1910 ca.
Palazzo Bocconi, il primo Grande Magazzino aperto a Milano in piazza del Duomo nel 1889. Distrutto da un incendio, venne ricostruito dai Fratelli Bocconi ma pochi anni dopo prese di nuovo fuoco. Fu D'Annunzio a ribattezzarlo "La Rinascente" finchè nel 1943 venne incenerito da un bombardamento aereo.
Stabilimento Giacomo Brogi
Archivi Alinari - archivio Brogi, n. 9990, Firenze

Palazzo Bocconi, ca. 1910
Palazzo Bocconi, the first Grande Magazzino (large department store) opened in Milan in Piazza del Duomo in 1889. When it burned down it was rebuilt by the Bocconi Brothers but a few years later it caught fire again. D'Annunzio christened it "La Rinascente" (The Born Again) until in 1943 it was destroyed in an aerial bombing.
Stabilimento Giacomo Brogi
Alinari Archives - Brogi archive, n. 9990, Florence

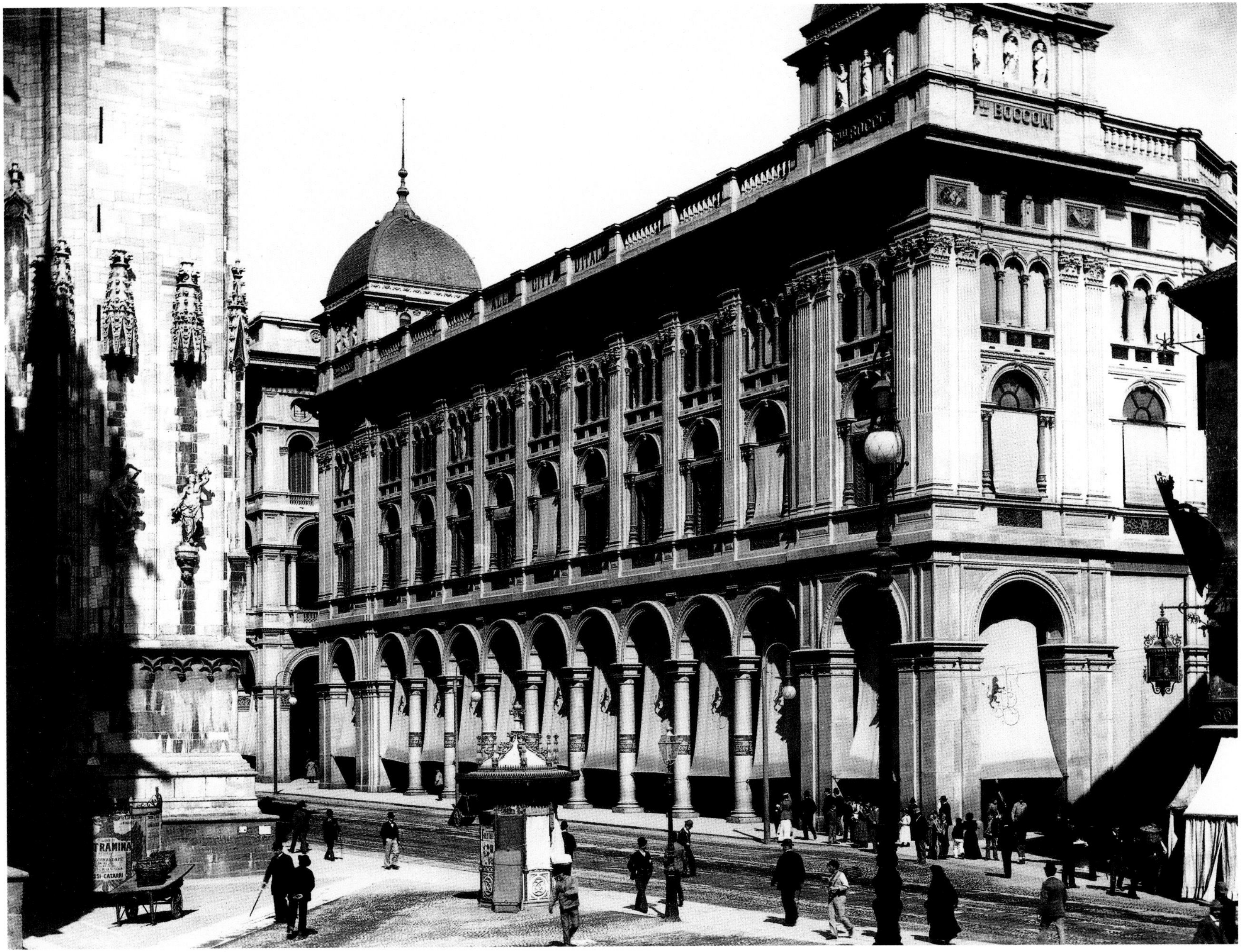

BOCCONI
TRAMINA

La Rinascente: interno con lo scalone, 1940 ca.
Lo scalone in stile Liberty de "La Rinascente" come appariva nel 1940. Tre anni dopo il Grande Magazzino veniva distrutto e incendiato nei bombardamenti aerei su Milano.
Fotografo non identificato
Touring Club Italiano - gestione Archivi Alinari, n. tcc 8999, Firenze

La Rinascente: interior with the great staircase, ca. 1940
The great Art Nouveau staircase of the "La Rinascente" as it was in 1940. Three years later the Grande Magazzino (department store) was destroyed and burned down in the aerial bombings of Milan.
Photographer unknown
Touring Club Italiano - Alinari Archives management, n. tcc 8999, Florence

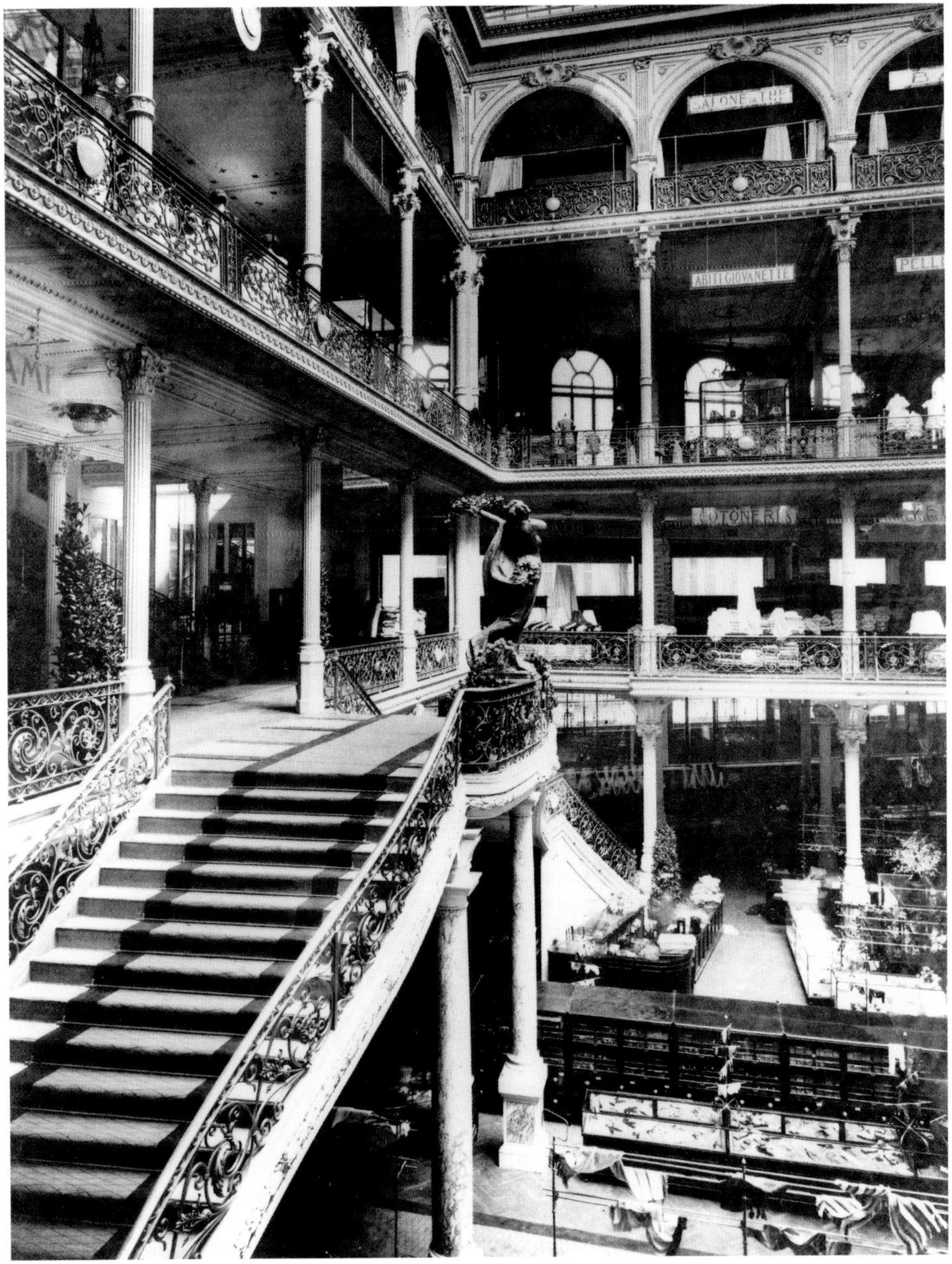
ABITI GIOVANETTE
COTONERIA

Corso Vittorio Emanuele II, 1890 ca.
Un'inquadratura "romantica" di corso Vittorio Emanuele all'altezza di Piazza San Carlo. A quel tempo soltanto i cittadini più facoltosi potevano permettersi di abitare nel centro storico. L'abbondanza dei tendoni serviva a difendere le merci, esposte dai raggi del sole, come avveniva in tutte le città d'Europa.
Stabilimento Giacomo Brogi
Archivi Alinari - archivio Brogi, n. 3830n, Firenze

Corso Vittorio Emanuele II, ca. 1890
A "romantic" picture of Corso Vittorio Emanuele abreast of Piazza San Carlo. At the time only the wealthier citizens could afford to live in the historical center. The many awnings served to protect the merchandise from the sun, as was the case in all European cities.
Stabilimento Giacomo Brogi
Alinari Archives - Brogi archive, n. 3830n, Florence

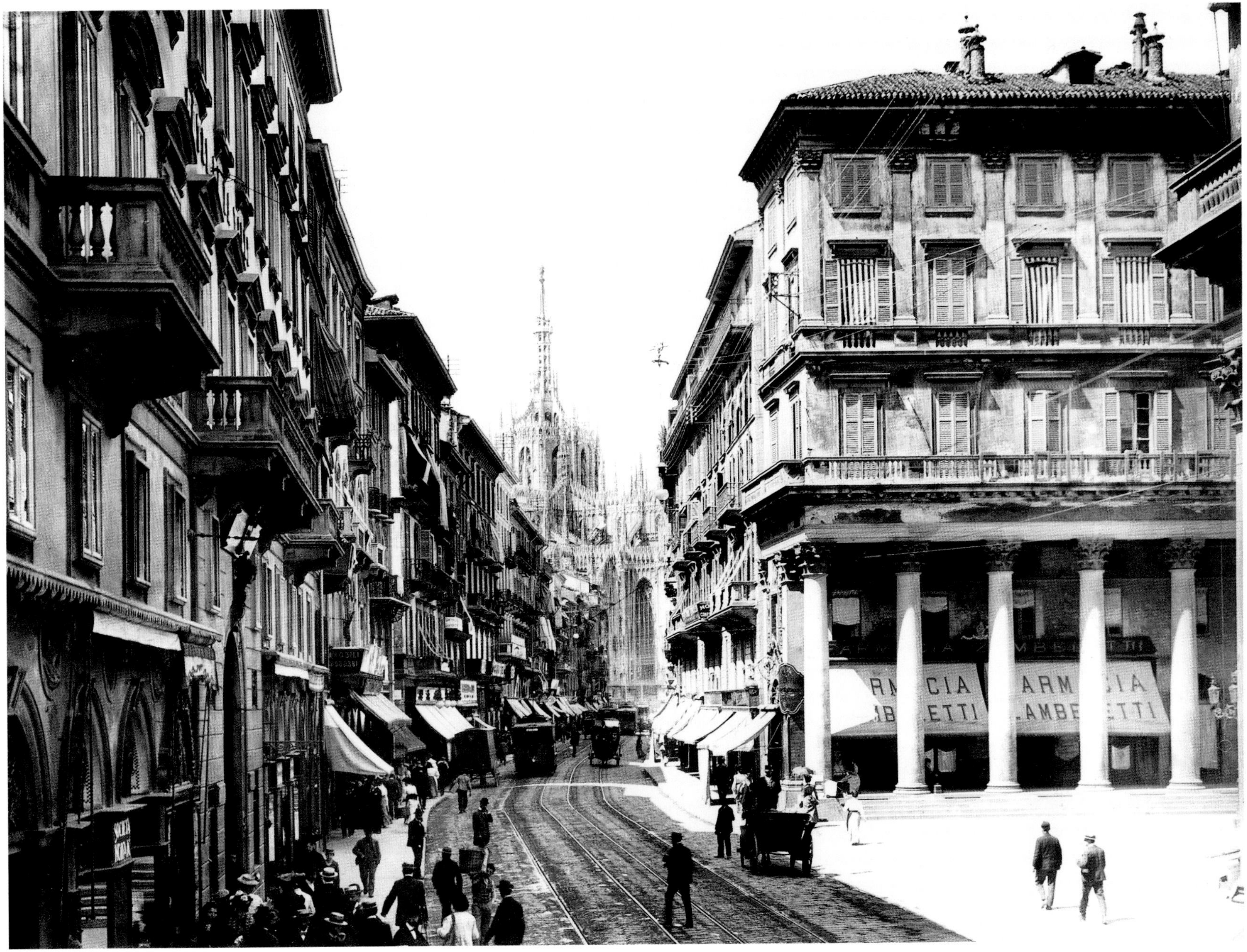

Via Dante, 1910 ca.
Un'insolita veduta di via Dante e (sullo sfondo) del Castello nei primi anni del Novecento, quando la città era già avviata a diventare la capitale dei commerci con una popolazione sempre crescente.
Stabilimento Giacomo Brogi
Archivi Alinari - archivio Brogi, n. 9975, Firenze

Via Dante, ca. 1910
An unusual view of Via Dante and (in the background) of the Castello in the early twentieth century, when the city was already on its way to becoming the commercial capital with a rapidly growing population.
Stabilimento Giacomo Brogi
Alinari Archives - Brogi archive, n. 9975, Florence

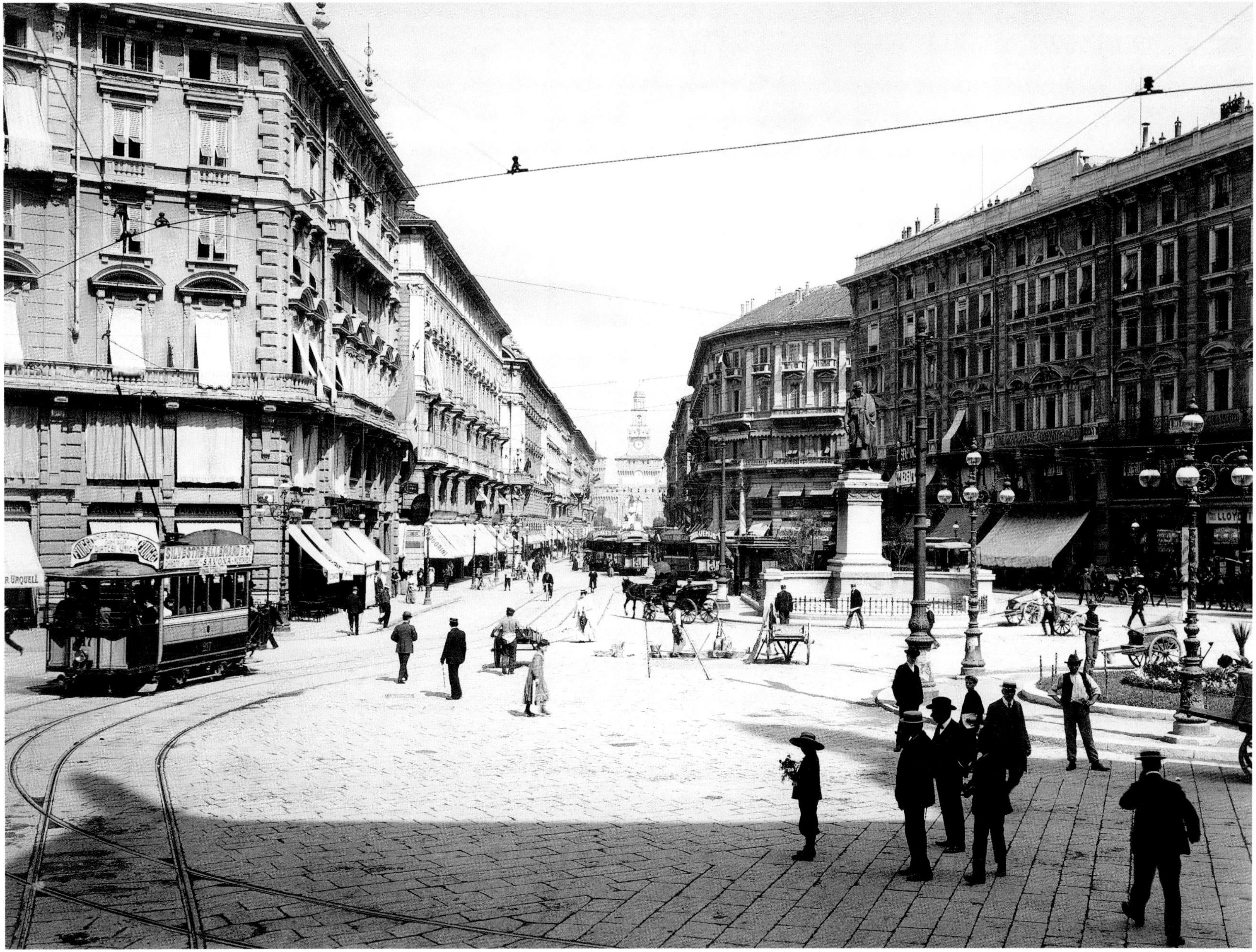
FIUGGI
DIATESI URICA
FIUGGI
SAVONA
R URQUELL
LLOYD

Piazza Cordusio
col Palazzo delle Assicurazioni di Venezia, 1910 ca.
Uno scorcio di Piazza Cordusio con (al centro) il Palazzo delle Assicurazioni di Venezia. Il nome deriva dal longobardo Cors Ducis cioè Corte del Duca. Il dominio dei Longobardi segnò per Milano il punto più basso del suo sviluppo economico. La campagna e l'agricoltura furono completamente abbandonate.
Stabilimento Giacomo Brogi
Archivi Alinari - archivio Brogi, n. 13142, Firenze

Piazza Cordusio
with the Palazzo delle Assicurazioni di Venezia, ca. 1900
A view of Piazza Cordusio with (at the center) the Palazzo delle Assicurazioni di Venezia. Cordusio comes from the Lombard Cors Ducis, or Court of the Duke. For Milan the Lombard domination was a low-point in its economic development. The land and agriculture were completely abandoned.
Stabilimento Giacomo Brogi
Alinari Archives - Brogi archive, n. 13142, Florence

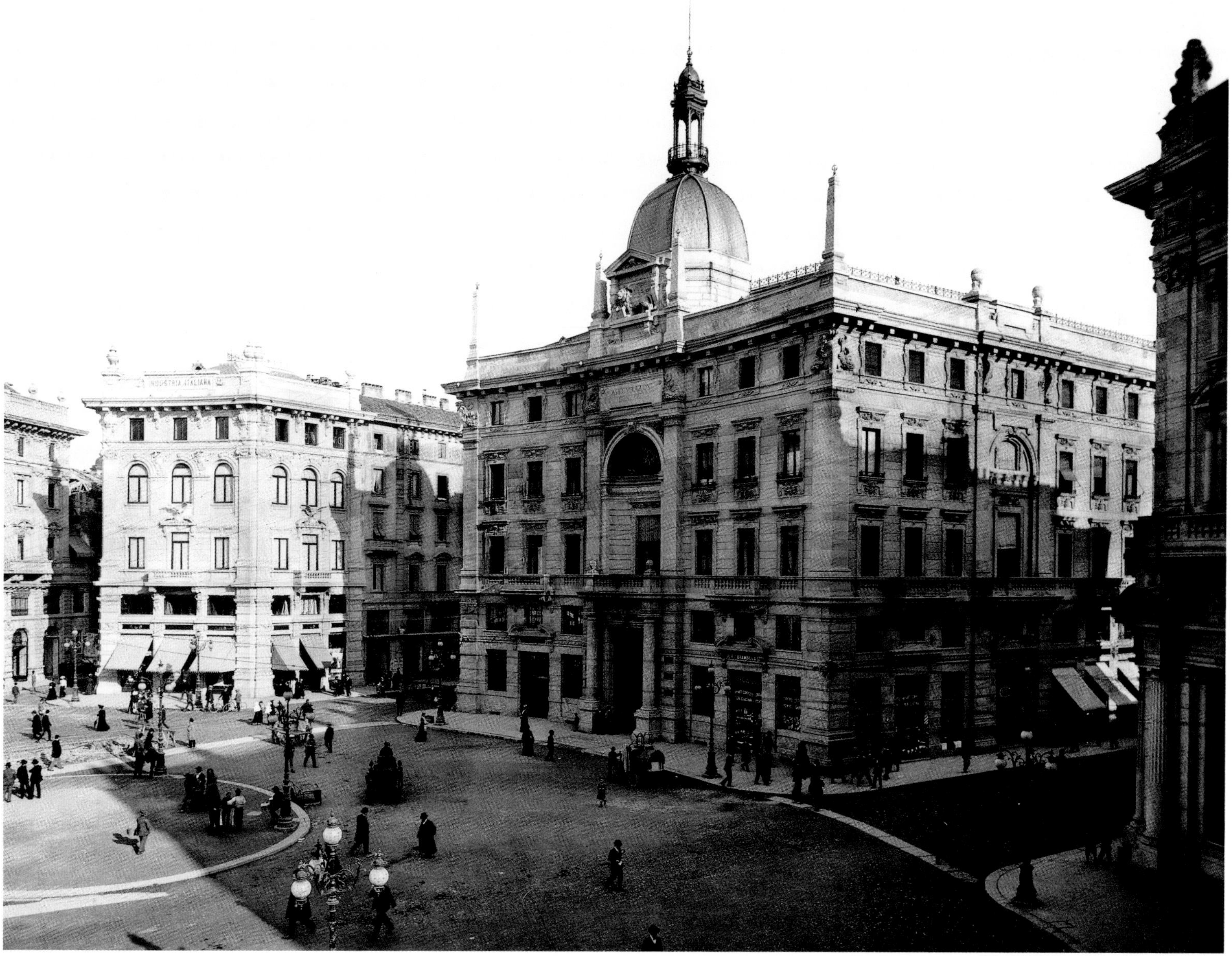
INDUSTRIA ITALIANA

Largo Cairoli con il Castello Sforzesco, 1930 ca.
Largo Cairoli con sullo sfondo il Castello Sforzesco principale monumento rinascimentale. Al centro svetta la torre del Filarete, disegnata dall'architetto fiorentino nel Quattrocento. Le sue mura non subirono mai un assedio. Sui torrioni angolari (usati come cisterne d'acqua) è visibile lo stemma visconteo della vipera, che risale alle Crociate.
Stabilimento Fotografico dei Fratelli Alinari
Archivi Alinari - archivio Alinari, n. 48571, Firenze

Largo Cairoli with the Castello Sforzesco, ca. 1930
Largo Cairoli with the Castello Sforzesco, the principal Renaissance monument, in the background. At the center Filarete's tower reaches to the sky. It was designed by the Florentine architect in the fifteenth century. The castle was never under siege. The Visconti coat of arms with the viper, dating back to the Crusades, can be seen on the corner towers (used as water cisterns).
Stabilimento Fotografico dei Fratelli Alinari
Alinari Archives - Alinari archive, n. 48571, Florence

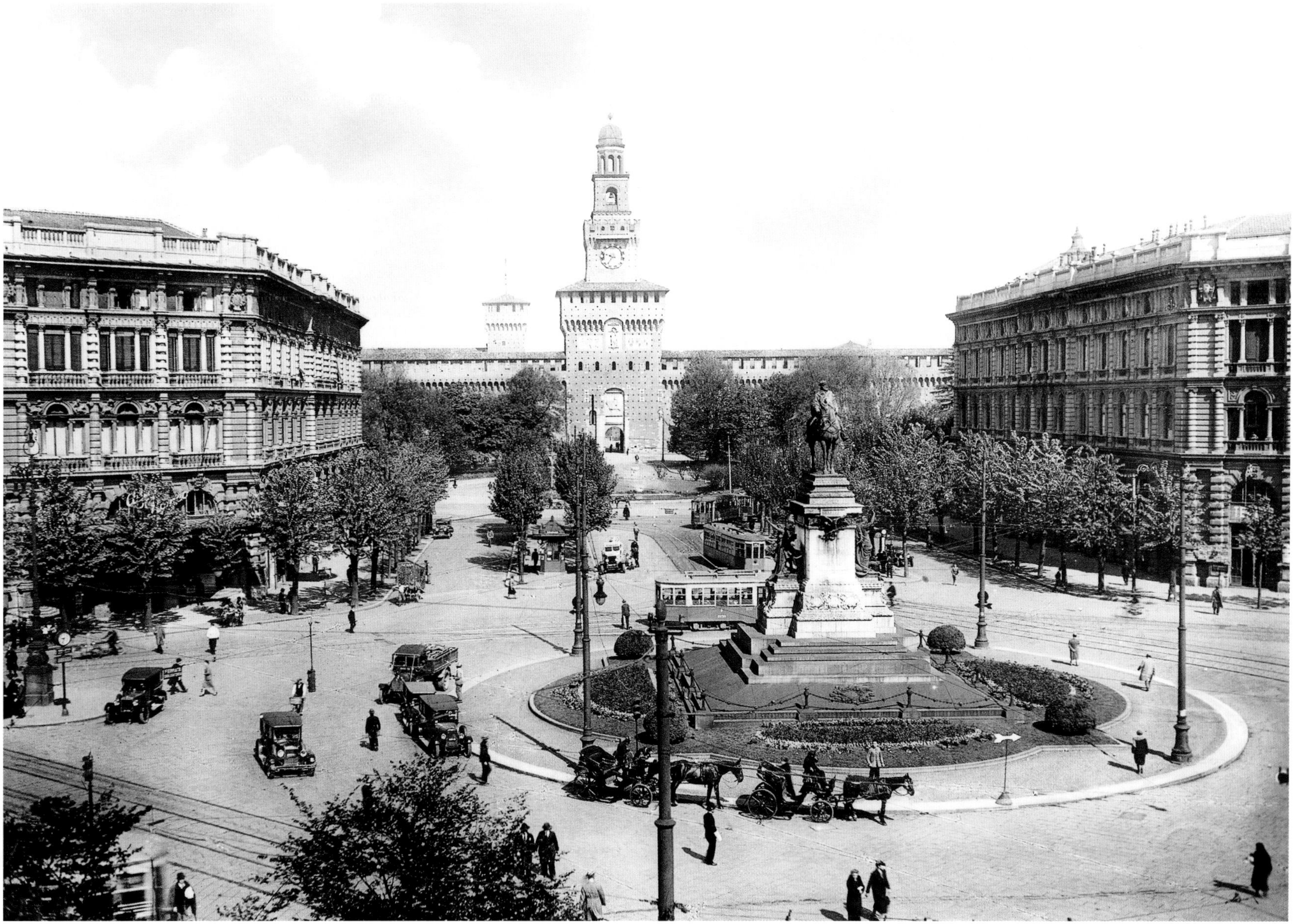

Nuovo mercato al Foro Bonaparte, 1872
Nel 1872 viene inaugurato il Nuovo Mercato al Foro Bonaparte e Via Mercato, su progetto dell'architetto Nazari. La fotografia riporta il nome del progettista e dell'Assessore Municipale Gioacchino Tagliasacchi.
Pompeo Pozzi
Museo di Storia della Fotografia Fratelli Alinari - collezione Ortolani, n. otc 8, Firenze

New market at the Foro Bonaparte, 1872
In 1872 the New Market (Nuovo Mercato), designed by the architect Nazari, was inaugurated at the Foro Bonaparte and Via Mercato. The photograph shows the name of the designer and of the Municipal Councilman Gioacchino Tagliasacchi.
Pompeo Pozzi
Fratelli Alinari Museum of the History of Photography - Ortolani collection, n. otc 8, Florence

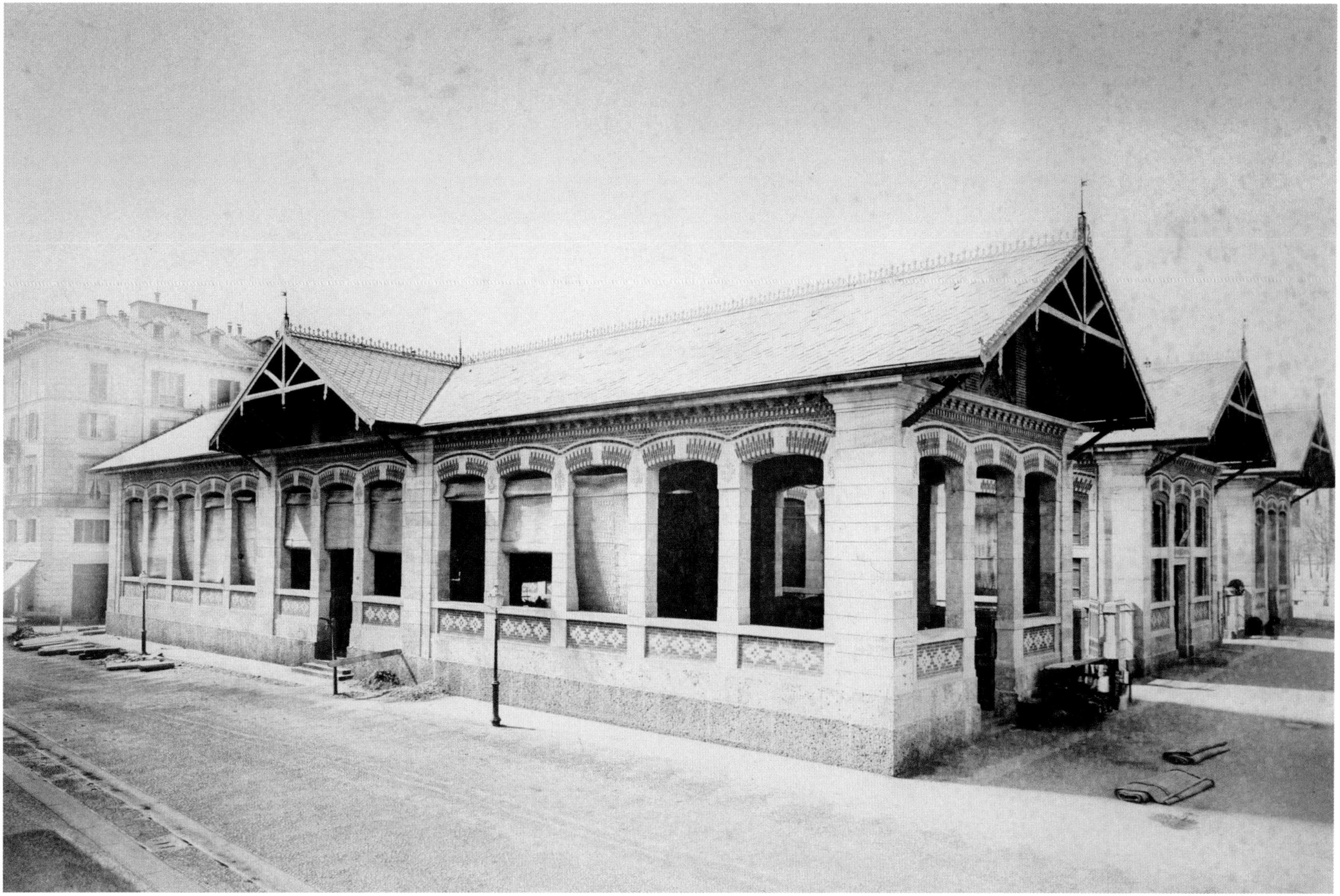

Piazza della Scala con il teatro omonimo
e il monumento a Leonardo da Vinci, 1890 ca.
Piazza della Scala in un giorno d'estate,
con la facciata del teatro e il monumento a Leonardo
e ai suoi quattro allievi. Era usanza, nei giorni di caldo,
uscire con l'ombrello da pioggia anziché con il parasole
di pizzo bianco: troppo sporchevole.
Stabilimento Fotografico dei Fratelli Alinari
Archivi Alinari - archivio Alinari, n. 14277, Firenze

Piazza della Scala with the theater of La Scala
and the monument to Leonardo da Vinci, ca. 1890
Piazza della Scala on a summer day, with the facade of the theater and the monument to Leonardo and his four pupils. It was customary, on hot days, to go out with an umbrella rather than a white lace parasol which was all too easy to soil.
Stabilimento Fotografico dei Fratelli Alinari
Alinari Archives - Alinari archive, n. 14277, Florence

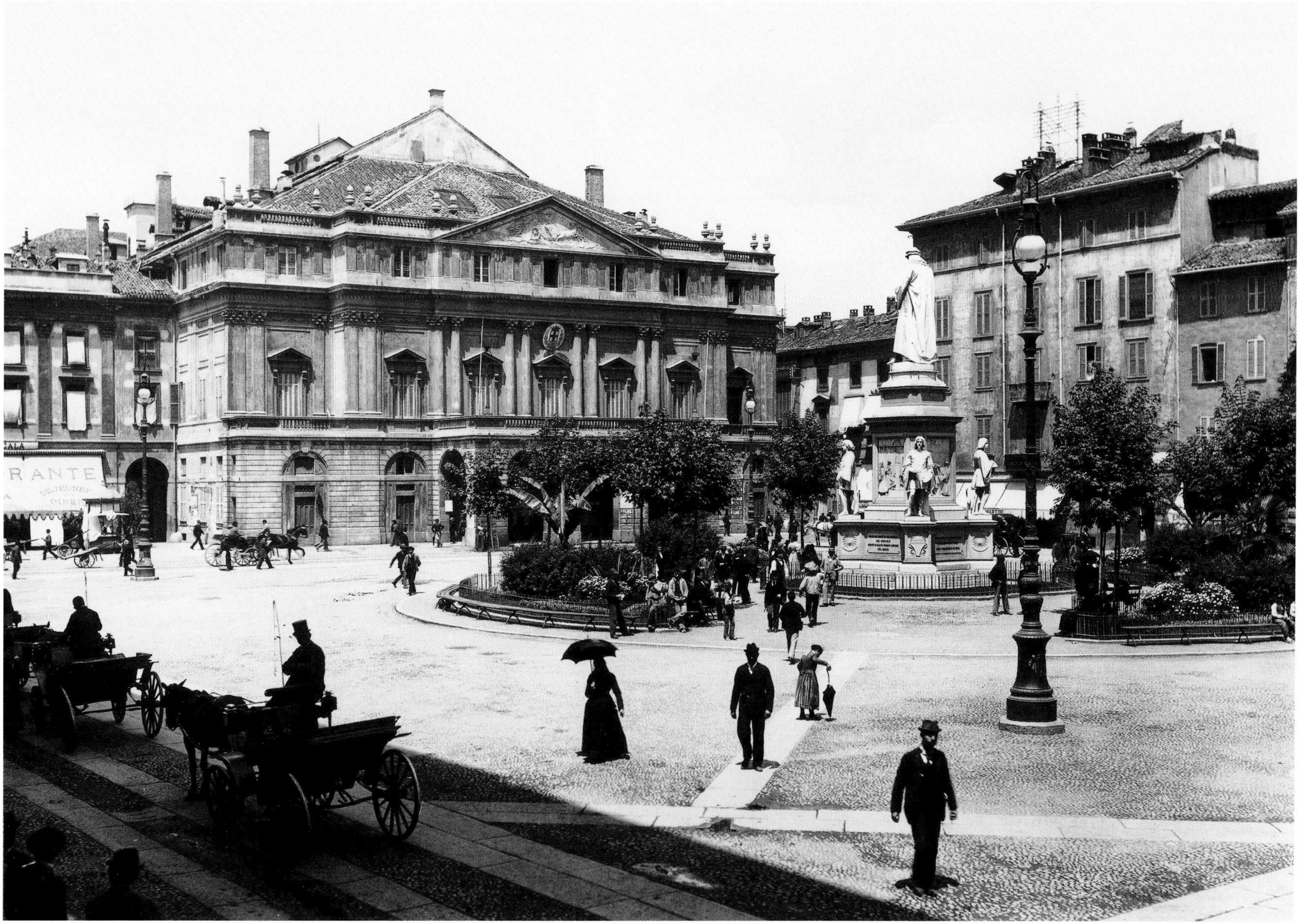
RANTE

Palazzo Marino o Municipale.
La facciata su Piazza della Scala, 1910 ca.
La facciata di Palazzo Marino su Piazza della Scala. I vetturini usavano in servizio portare la tuba. I Marino, potente famiglia genovese, divennero a Milano ricchi proprietari di case. Dal 1880 è sede del Comune di Milano che ne acquistò il palazzo.
Stabilimento Fotografico dei Fratelli Alinari
Archivi Alinari - archivio Alinari, n. 31899, Firenze

Palazzo Marino or Municipale.
The facade on Piazza della Scala, ca. 1910
The facade of Palazzo Marino on Piazza della Scala. Coach-drivers used to wear top hats when they were on duty. The Marino, a powerful Genoese family, became wealthy owners of houses in Milan. Since 1880 the building, which was bought by the city, has been the Town Hall of Milan.
Stabilimento Fotografico dei Fratelli Alinari
Alinari Archives - Alinari archive, n. 31899, Florence

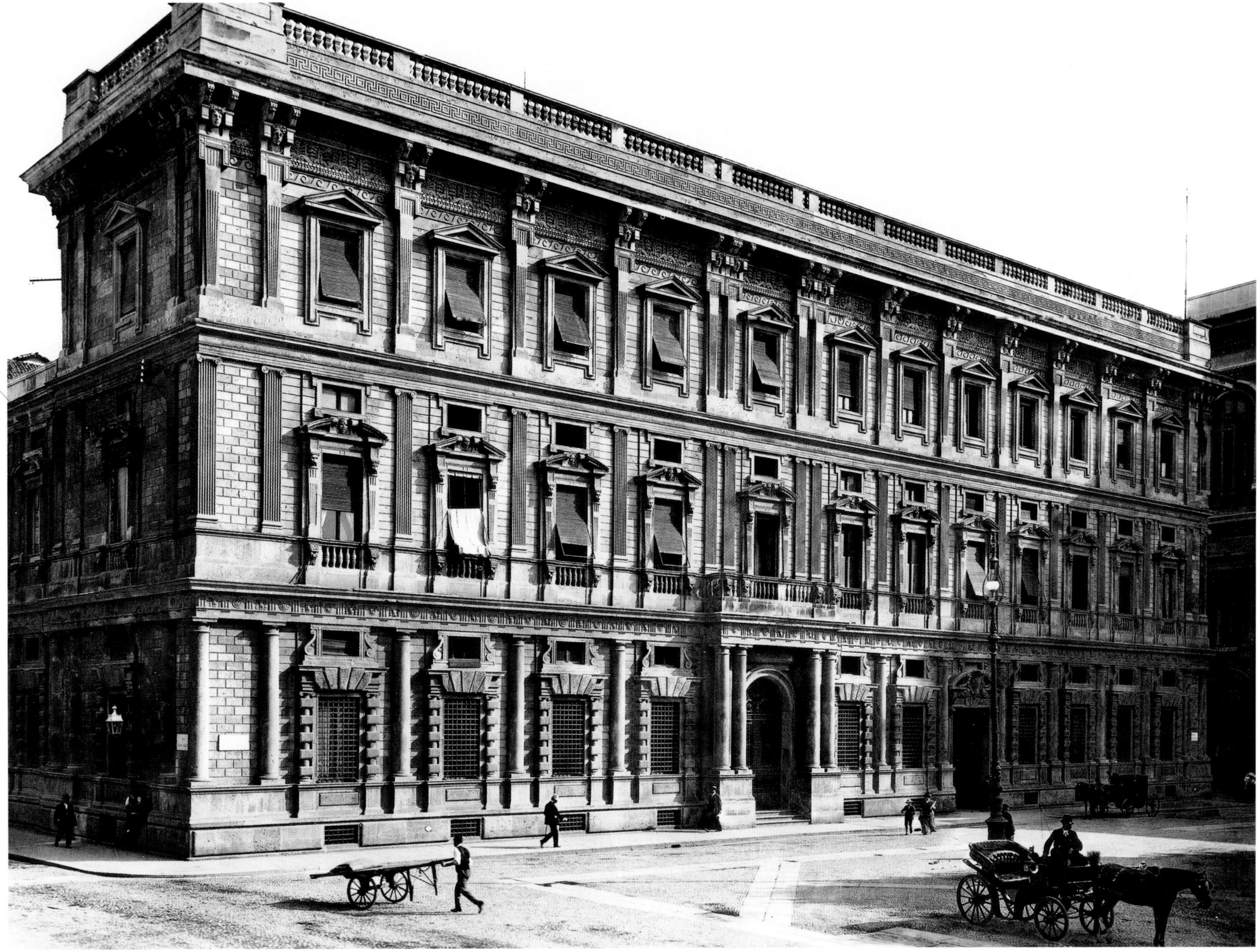

Palazzo Brera. Loggiato superiore del cortile, 1910 ca.
Il loggiato superiore del cortile di Brera, nel primo decennio del Novecento, dal quale si accedeva alle sale della Pinacoteca. Il loggiato, sull'esempio degli altri collegi gesuiti italiani, è animato da un doppio ordine di ariose serliane. Alle pareti sono collocate entro nicchie sormontate da edicole statue e busti che celebrano illustri milanesi.
Stabilimento Giacomo Brogi
Archivi Alinari - archivio Brogi, n. 10181, Firenze

Palazzo Brera. Upper loggia of the courtyard, ca. 1910
The upper loggia of the courtyard of the Brera, in the first decade of the twentieth century, which led to the rooms of the Pinacoteca. The loggia, on the example of the other Italian Jesuit colleges, had a double order of airy Serlian openings. The niches surmounted by aedicules on the walls contained statues and busts of illustrious citizens of Milan.
Stabilimento Giacomo Brogi
Alinari Archives - Brogi archive, n. 10181, Florence

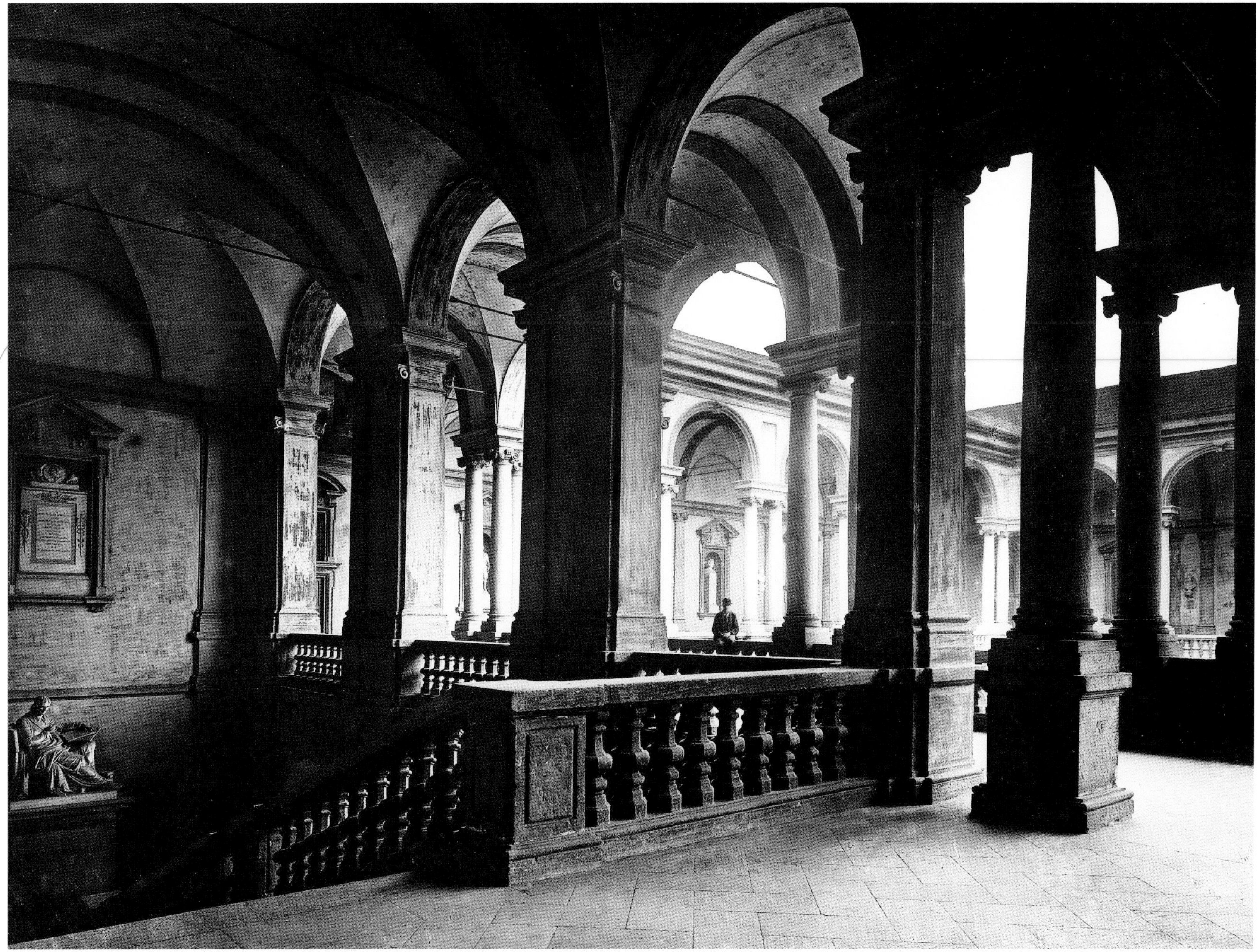

Via Manzoni, 1910 ca.
Nel 1873 muore Alessandro Manzoni e la Via del Giardino cambia nome e diventa Via Manzoni. La fotografia mostra la strada in un giorno di canicola, percorsa da due solitarie vetture tramviarie. Nonostante i continui interventi, non ha perso a tutt'oggi il suo primitivo fascino di passeggiata elegante e di shopping della Milano "bene".
Sullo sfondo sono visibili gli archi di Porta Nuova.
Stabilimento Fotografico dei Fratelli Alinari
Archivi Alinari - archivio Alinari, n. 14280, Firenze

Via Manzoni, ca. 1910
Alessandro Manzoni died in 1873 and Via del Giardino changed its name to Via Manzoni. The photo shows the street on a sultry summer day, with only two solitary tram cars. Despite continuous changes, this street is still an elegant shopping center for the upper-class Milanese.
The arches of Porta Nuova are visible in the background.
Stabilimento Fotografico dei Fratelli Alinari
Alinari Archives - Alinari archive, n. 14280, Florence

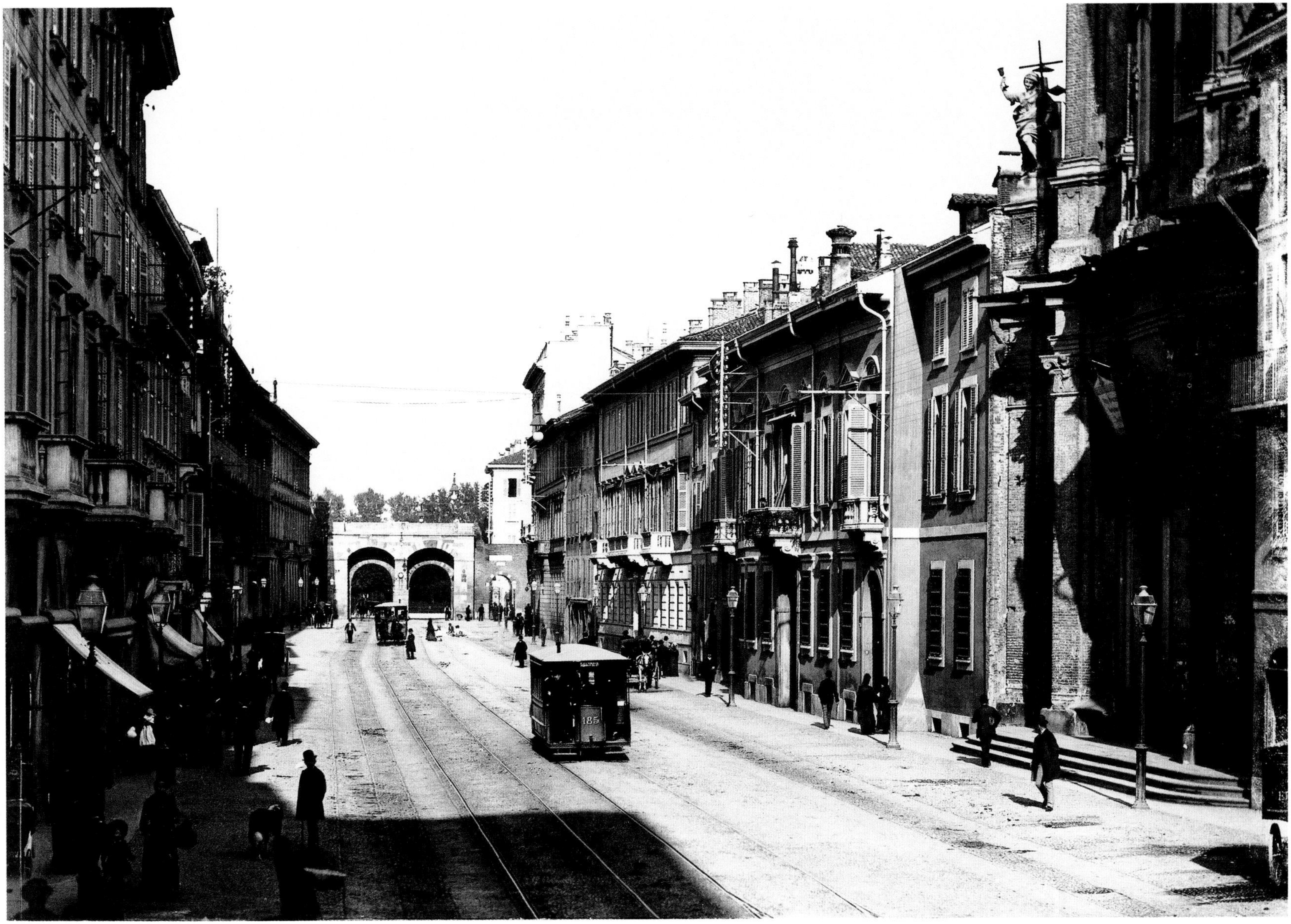
185

Via Principe Umberto, 1900 ca.
Traffico urbano in via Principe Umberto.
I palazzi milanesi si distinguevano non tanto per la loro eleganza, quanto per la sobrietà della facciata e per l'altezza contenuta dei fabbricati. Importante era, per le residenze private, l'uniformità dello stile come, ad esempio, nel quartiere di Porta Magenta.
Stabilimento Giacomo Brogi
Archivi Alinari - archivio Brogi, n. 5998, Firenze

Via Principe Umberto, ca. 1900
City traffic in Via Principe Umberto.
The Milanese palazzi were characterized not so much by their elegance as they were by the simplicity of the facades and the limited heights of the buildings. What was important for private residences was a uniformity of style such as, for example, in the Porta Magenta quarter.
Stabilimento Giacomo Brogi
Alinari Archives - Brogi archive, n. 5998, Florence

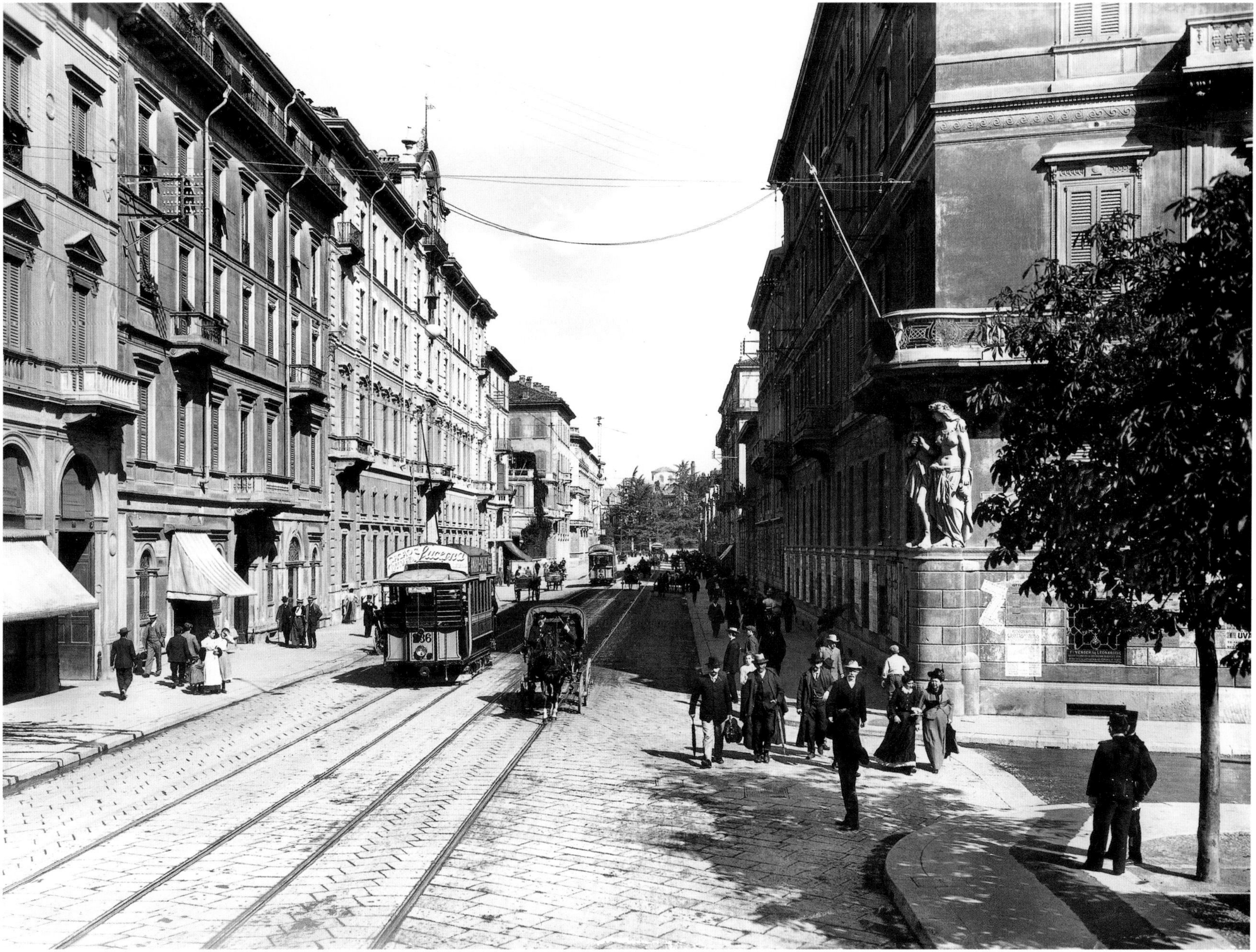
Lucerna
36

Porta Venezia, 1910 ca.
I caselli del Dazio a Porta Venezia nel 1910.
Il vecchio Corso Loreto cambiò nome all'inizio del Novecento in quello di Corso Buenos Aires per celebrare i tanti italiani che emigravano in Argentina a cercare lavoro. Da allora il corso è divenuto una vera avenida sudamericana, con il più alto numero di negozi di tutta la città.
Stabilimento Giacomo Brogi
Archivi Alinari - archivio Brogi, n. 9977, Firenze

Porta Venezia, ca. 1910
The Customs booths at Porta Venezia in 1910. In the beginning of the twentieth century the old Corso Loreto changed its name to Corso Buenos Aires to celebrate the many Italians who emigrated to Argentina in search of work. Since then the street has become a real South American avenida, with more shops here than anywhere else in the city.
Stabilimento Giacomo Brogi
Alinari Archives - Brogi archive, n. 9977, Florence

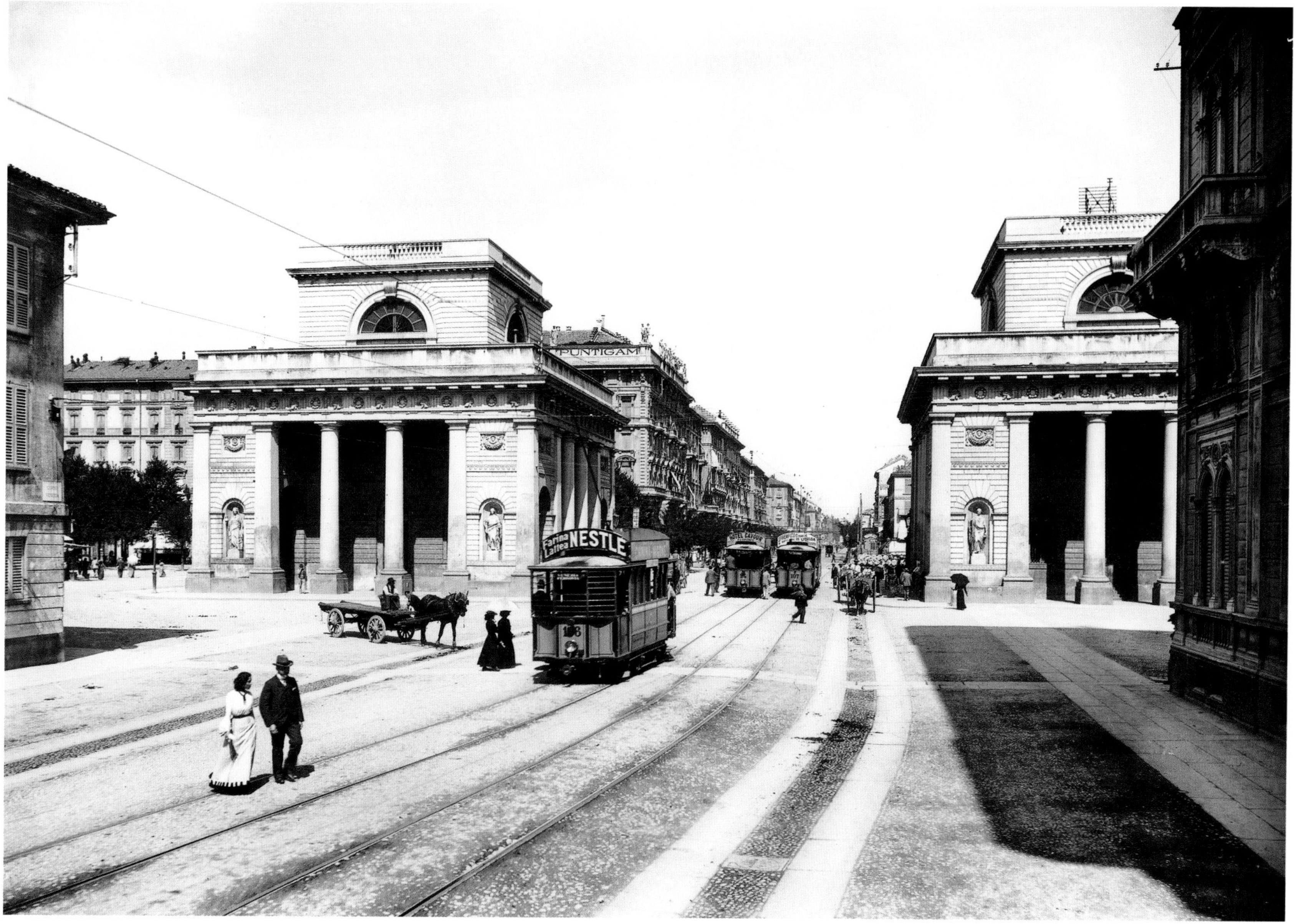
PUNTIGAM
Farina Lattea NESTLE
HOTEL CAVOUR

Piazza dei Mercanti, 1910 ca.
Via dei Mercanti nel primo decennio del Novecento.
Sul lato destro, dirimpetto al Palazzo della Ragione,
spicca la torre dei Giureconsulti, del XVI secolo. In questi
anni Milano cominciava ad affermarsi in Italia come capitale
della pubblicità e del design industriale.
Stabilimento Giacomo Brogi
Archivi Alinari - archivio Brogi, n. 9991a, Firenze

Piazza dei Mercanti, ca. 1910
Via dei Mercanti in the first decade of the Twentieth century.
On the right side, across from the Palazzo della Ragione,
is the Giureconsulti tower, 16th century. At this time Milan
was beginning to come to the fore in Italy as the capital
for advertising and industrial design.
Stabilimento Giacomo Brogi
Alinari Archives - Brogi archive, n. 9991a, Florence

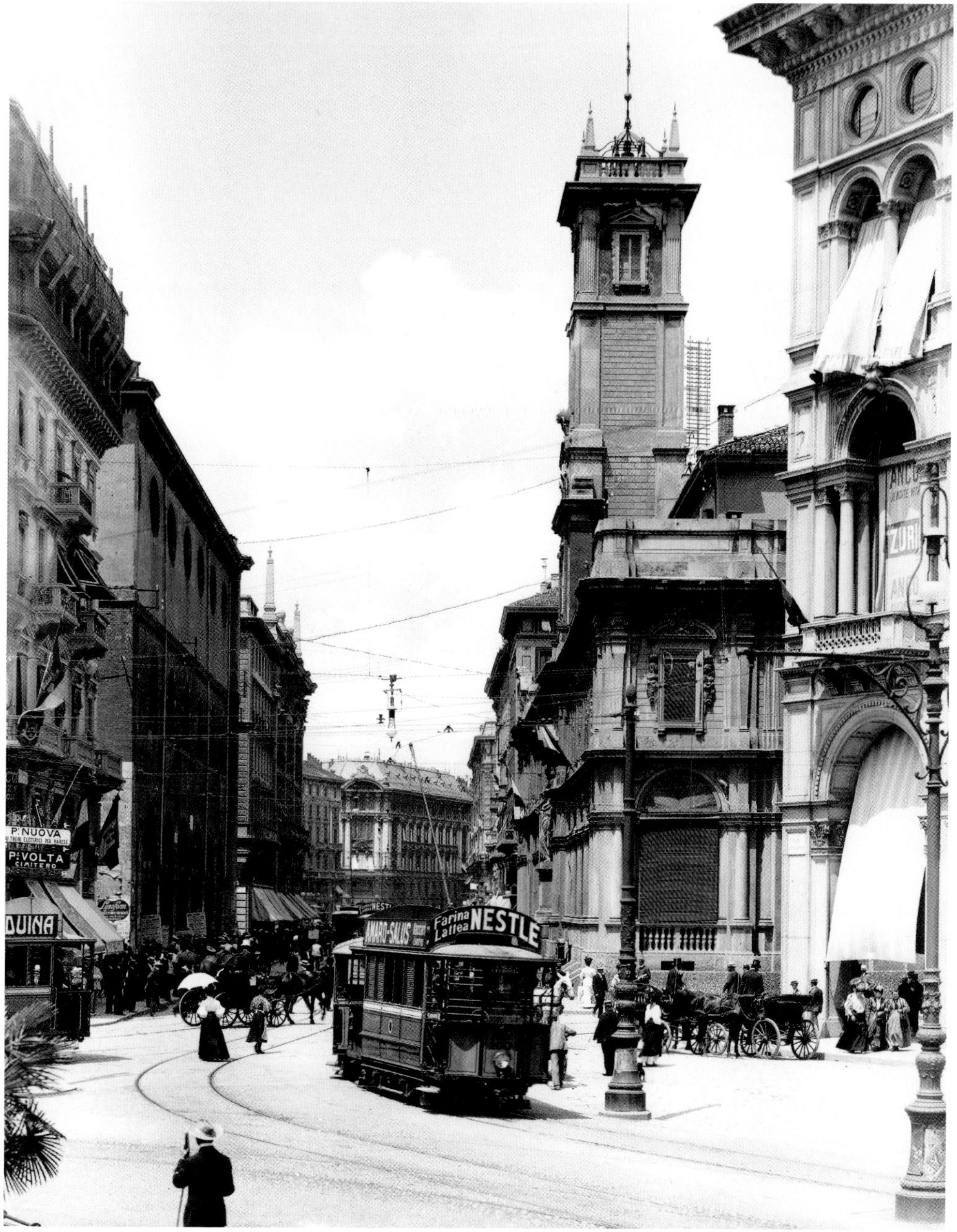
P.ta NUOVA
AI TRENI ELETTRICI PER VARESE
P.ta VOLTA
CIMITERO
DUINA
AMARO-SALUS
Farina Lattea NESTLE

Arco della Pace, 1900 ca.
L'Arco della Pace, progettato al Sempione da Luigi Cagnola.
È un monumento freddamente neoclassico,
che i milanesi non hanno mai amato, anche perché
il retrostante Corso Sempione, privo quasi del tutto
di negozi, non ha mai incoraggiato il passeggio.
Stabilimento Giacomo Brogi
Archivi Alinari - archivio Brogi, n. 3831, Firenze

Arco della Pace, ca. 1900
*This triumphal arch was designed for Parco Sempione
by Luigi Cagnola. It is a cold neoclassic monument that the
Milanesi never loved. One of the reasons is that
Corso Sempione, which begins here, is almost without shops
and never encouraged strolling.*
Stabilimento Giacomo Brogi
Alinari Archives - Brogi archive, n. 3831, Florence

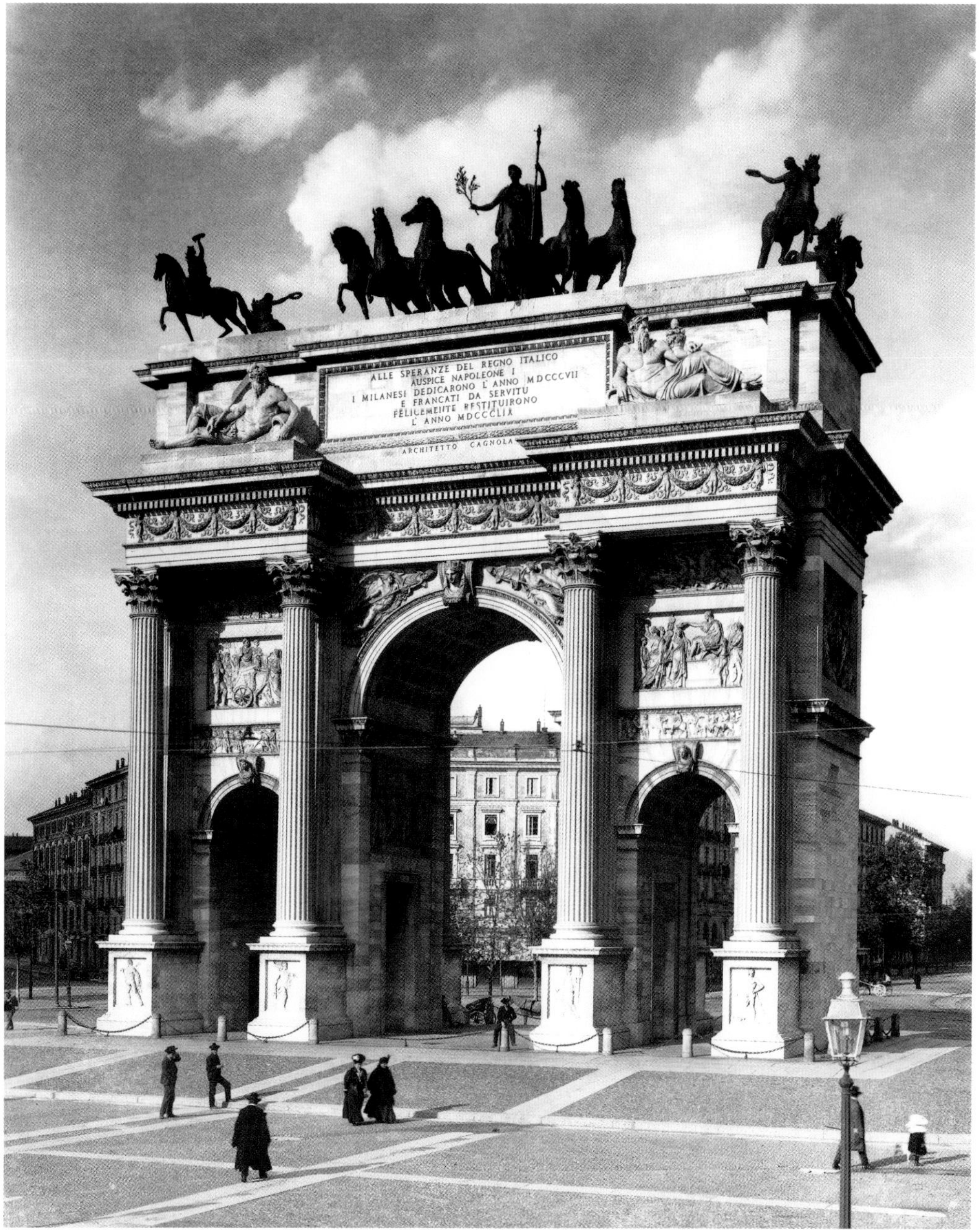
ALLE SPERANZE DEL REGNO ITALICO
AUSPICE NAPOLEONE I
I MILANESI DEDICARONO L'ANNO MDCCCVII
E FRANCATI DA SERVITU
FELICEMENTE RESTITUIRONO
L'ANNO MDCCCLIX
ARCHITETTO CAGNOLA

Verziere (Mercato della frutta), 1910 ca.
Il vecchio Verziere a Porta Vittoria nel primo decennio del Novecento. Carlo Porta lo immortalò in una celebre poesia: "La Ninetta del Verzé". Oggi il mercato di frutta e verdura è spostato in un'area più grande, verso l'aeroporto di Linate.
Stabilimento Giacomo Brogi
Archivi Alinari - archivio Brogi, n. 16101, Firenze

Verziere (fruit market), ca. 1910
The old Verziere at Porta Vittoria in the first decade of the Twentieth century. Carlo Porta immortalized it in his famous poem: "La Ninetta del Verzé". Today the fruit and vegetable market has been moved to a larger space, closer to the Linate airport.
Stabilimento Giacomo Brogi
Alinari Archives - Brogi archive, n. 16101, Florence

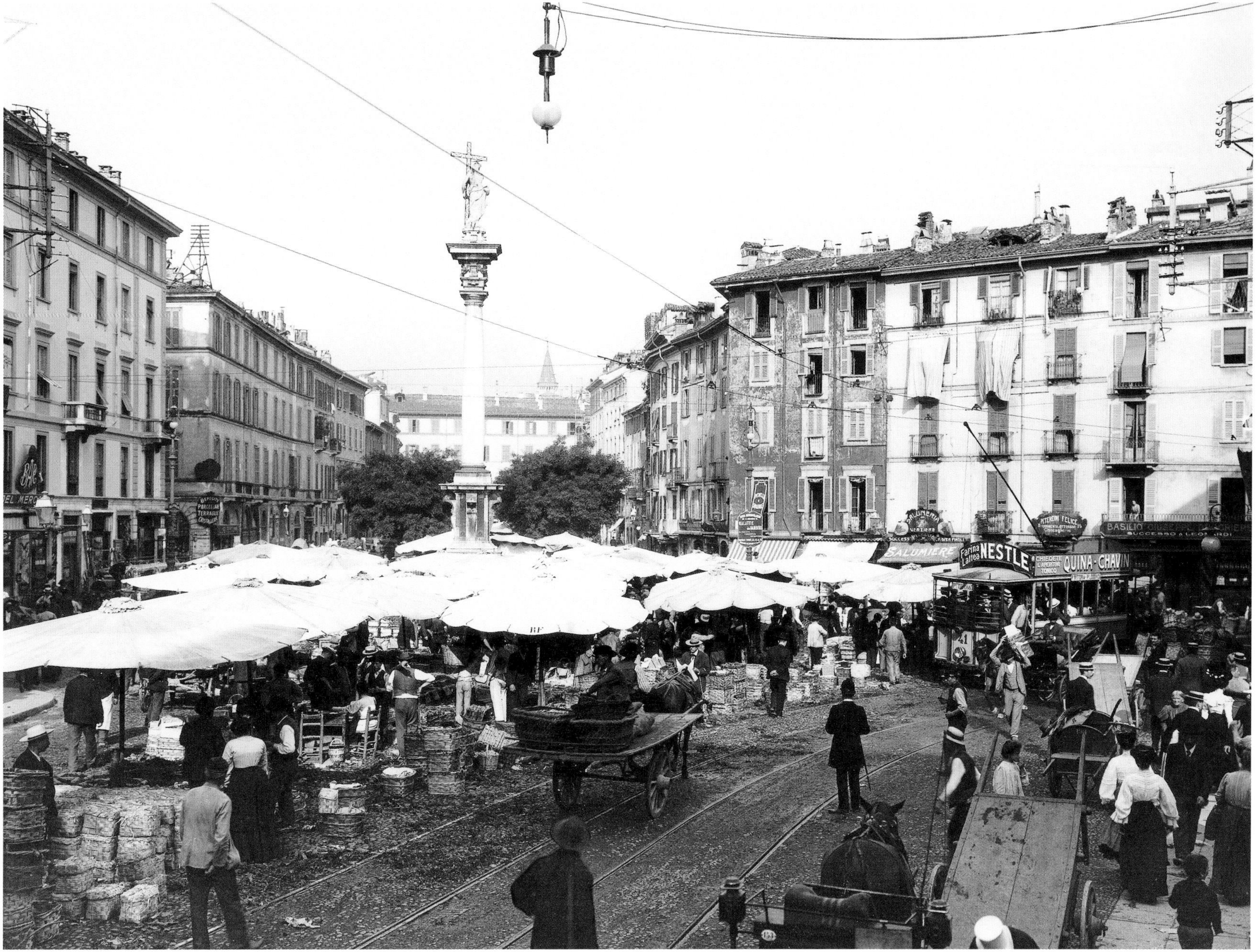
SALUMERIA
VERZIERE
SALUMIERE
Farina Lattea NESTLE
CHIEDETE L'APERITIVO TONICO
QUINA-CHAVIN
BASILIO
SUCCESSO A LEONARDI

Palazzo Reale. La facciata, 1910 ca.
La facciata del Palazzo Reale di Milano nel primo decennio del Novecento. Il palazzo raggiunge l'apogeo agli inizi dell'Ottocento, trasformandosi da sede di governo di un piccolo ducato, a quella di un vasto regno comprendente tutta l'Italia Settentrionale. In seguito divenne sede del vicerè del Lombardo Veneto per passare successivamente ai Savoia. Oggi è sede di grandi mostre di pittura.
Stabilimento Fotografico dei Fratelli Alinari
Archivi Alinari - archivio Alinari, n. 31570, Firenze

Palazzo Reale. The facade, ca. 1910
The facade of the Royal Palace in Milan in the first decade of the Twentieth century. The palace reached its apogee in the early Nineteenth century when it was transformed from the governmental headquarters of a small duchy to that of a vast kingdom that included all of Northern Italy. It later became the seat of the viceroy of Lombardo Veneto before passing to the House of Savoy. Today important exhibitions of paintings are given here.
Stabilimento Fotografico dei Fratelli Alinari
Alinari Archives - Alinari archive, n. 31570, Florence

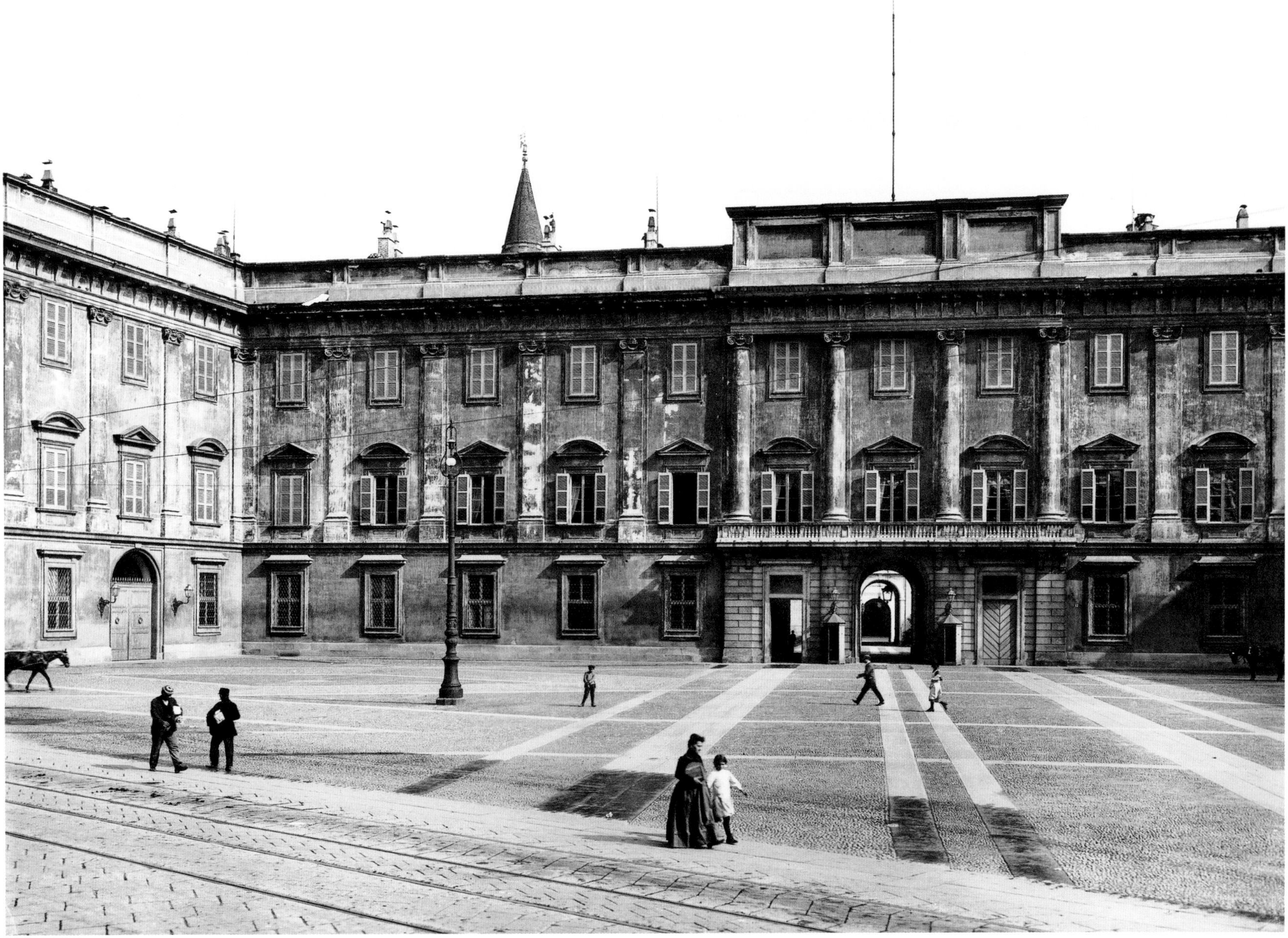

Palazzo Reale. Salone delle Cariatidi, 1910 ca.
Il salone delle Cariatidi a Palazzo Reale, prima che fosse incenerito dai bombardamenti del 1943. Qui la corte austriaca dava ricevimenti e balli per gli ufficiali di Radetzky. In memoria dell'episodio bellico, la sala non è più stata restaurata.
Stabilimento Fotografico dei Fratelli Alinari
Archivi Alinari - archivio Alinari, n. 31584, Firenze

Palazzo Reale. Salone delle Cariatidi, ca. 1910
The Caryatid room in the Palazzo Reale, before it was burned down in the bombings of 1943. Here the Austrian court held receptions and balls for Radetzky's officers. In memory of what happened in the war, the room was never restored.
Stabilimento Fotografico dei Fratelli Alinari
Alinari Archives - Alinari archive, n. 31584, Florence

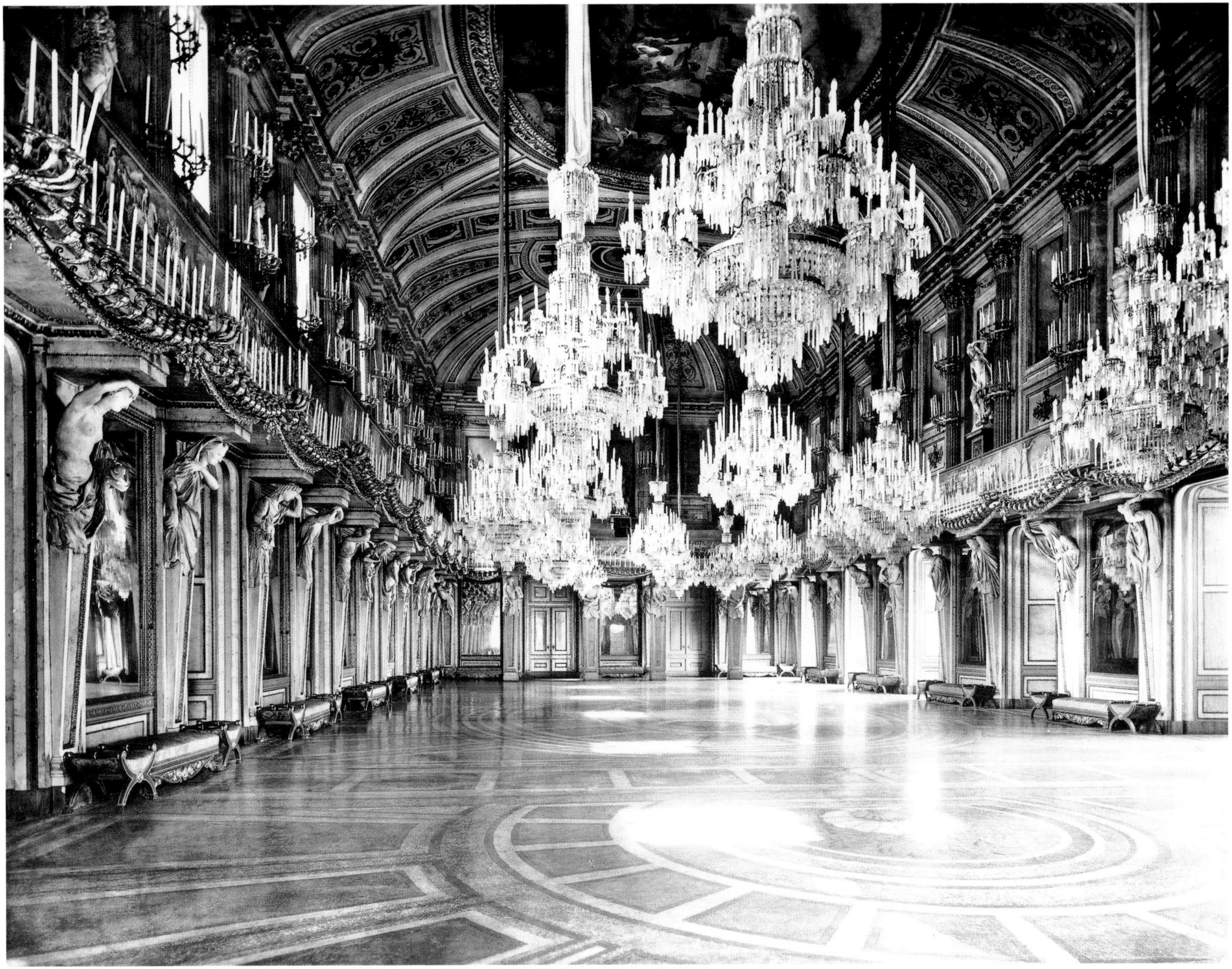

Colonne antiche a S. Lorenzo, 1890 ca.
Le colonne romane di San Lorenzo, nel 1890.
Il peristilio che fronteggia la basilica, a Porta Ticinese,
è il monumento più importante a Milano della Roma
imperiale. Le sedici colonne del tempio originario vi erano
state trasferite nel IV secolo, quando Mediolanum
divenne capitale dell'Impero d'Occidente.
Stabilimento Giacomo Brogi
Archivi Alinari - archivio Brogi, n. 3839, Firenze

Ancient columns at S. Lorenzo, ca. 1890
The Roman columns of San Lorenzo, in 1890.
The peristyle facing the basilica, at Porta Ticinese,
is the most important monument of imperial Roman in Milan.
The sixteen columns of the temple were moved here in the
4th century, when Mediolanum became
the capital of the Empire of the West.
Stabilimento Giacomo Brogi
Alinari Archives - Brogi archive, n. 3839, Florence

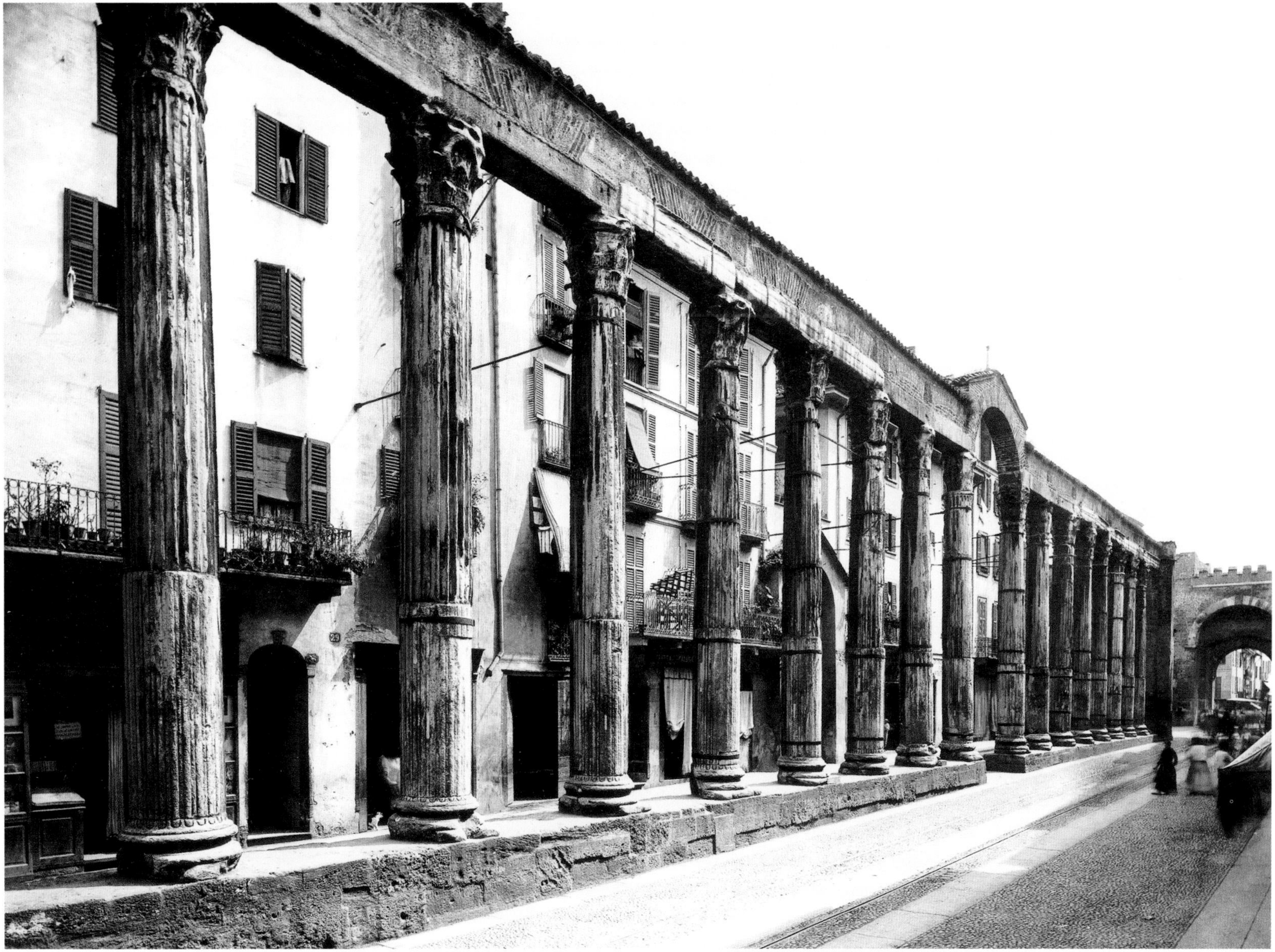

Veduta panoramica, 1890 ca.
Porta Ticinese nel 1890. Dietro la Porta, eretta nel 1815 per la Pace di Vienna, si intravede l'inizio del Corso San Gottardo. Si può notare la mole del Duomo che spicca in lontananza, data la modesta altezza degli edifici circostanti. Il quartiere veniva all'epoca chiamato "borgo dei formaggiai" per i numerosi caseifici.
Stabilimento Giacomo Brogi
Archivi Alinari - archivio Brogi, n. 3816, Firenze

Panorama, ca. 1890
Porta Ticinese in 1890. The beginning of Corso San Gottardo can be glimpsed behind the gateway, erected in 1815 for the Peace of Vienna. Note how the mass of the Cathedral stands out in the distance, in comparison to the modest height of the surrounding buildings. At the time the quarter was called "cheese-maker hamlet" because of the numerous dairies.
Stabilimento Giacomo Brogi
Alinari Archives - Brogi archive, n. 3816, Florence

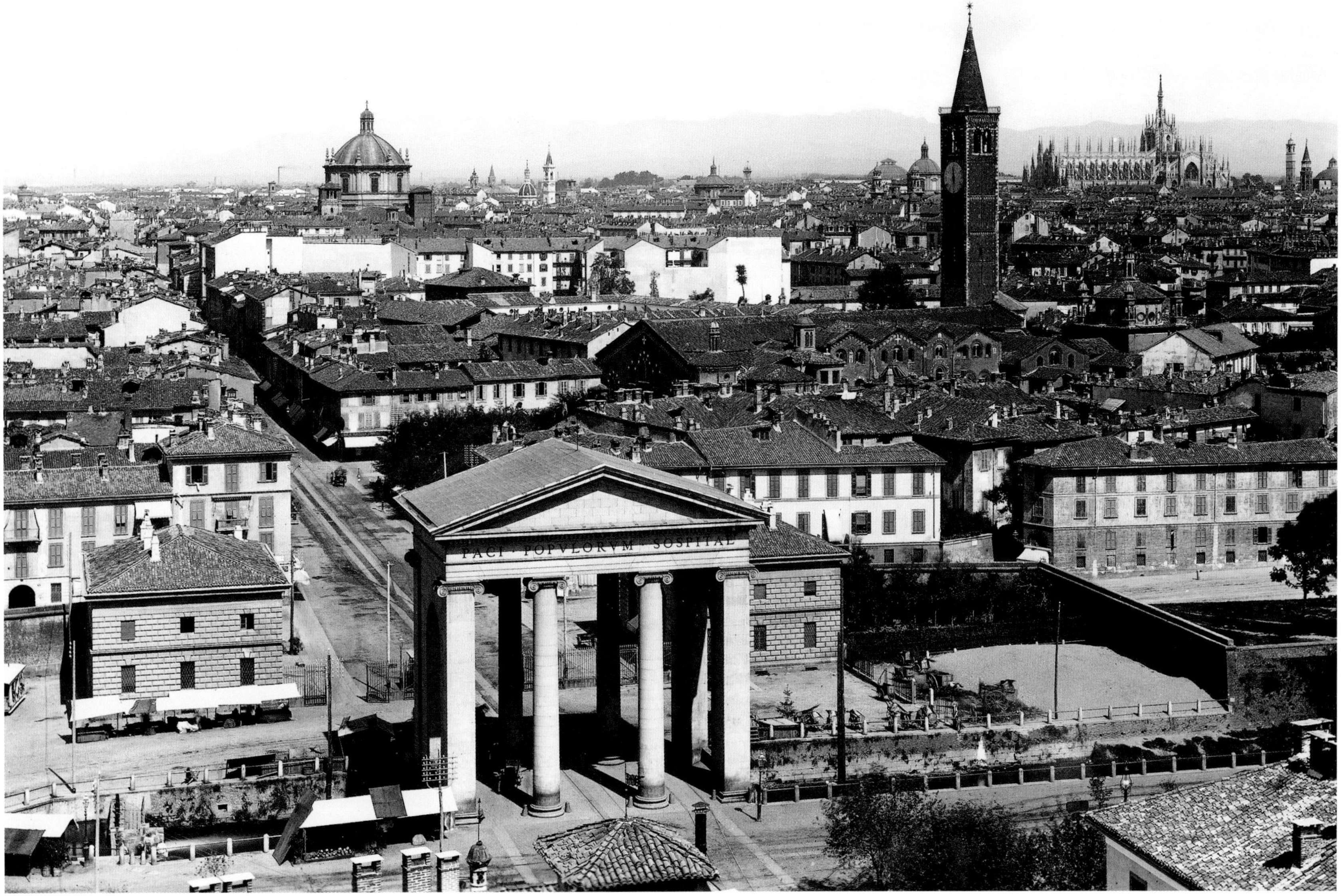
PACI POPVLORVM SOSPITAE

Panorama della Basilica di S. Ambrogio, 1890 ca.
La Basilica di Sant'Ambrogio nella piazza omonima. Qui si tiene ogni anno, il 7 dicembre, la più animata delle fiere popolari all'aperto dove si possono trovare a buon prezzo anche pezzi di antiquariato. I milanesi la chiamano "Fiera degli Oh bej oh bej!".
Stabilimento Fotografico dei Fratelli Alinari
Archivi Alinari - archivio Alinari, n. 14149, Firenze

Panorama of the Basilica of S. Ambrogio, ca. 1890
The Basilica of Sant'Ambrogio in Piazza Sant'Ambrogio. The liveliest of the popular open-air fairs is held here every year on December 7th, where if you're lucky you can still find a bargain antique. The Milanesi call it "Fiera degli Oh bei oh bej!"
Stabilimento Fotografico dei Fratelli Alinari
Alinari Archives - Alinari archive, n. 14149, Florence

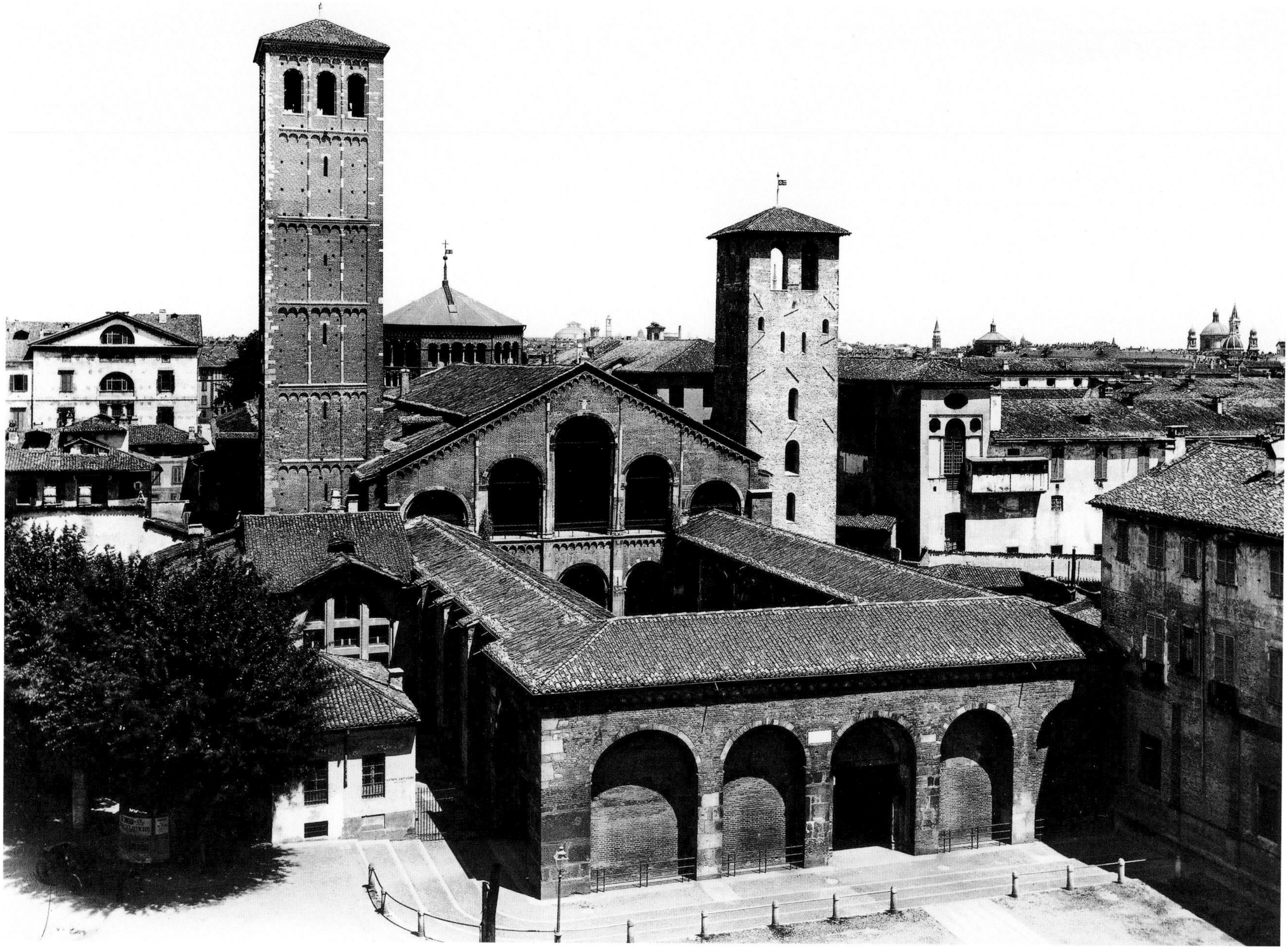

Palazzo Litta in Corso Magenta, 1900 ca.
Palazzo Litta, sul Corso Magenta, nei primi anni del secolo. Era l'abitazione del marchese Pompeo Litta, famoso esponente della Milano aristocratica e "palchettista" della Scala, cioè abbonato fisso ad un palco.
Stabilimento Giacomo Brogi
Archivi Alinari - archivio Brogi, n. 9937, Firenze

Palazzo Litta in Corso Magenta, ca. 1900
Palazzo Litta, on Corso Magenta, in the early 1900s. This was the residence of Marquis Pompeo Litta, welll-known member of the Milan aristocracy and upper-circle box-holder at La Scala.
Stabilimento Giacomo Brogi
Alinari Archives - Brogi archive, n. 9937, Florence

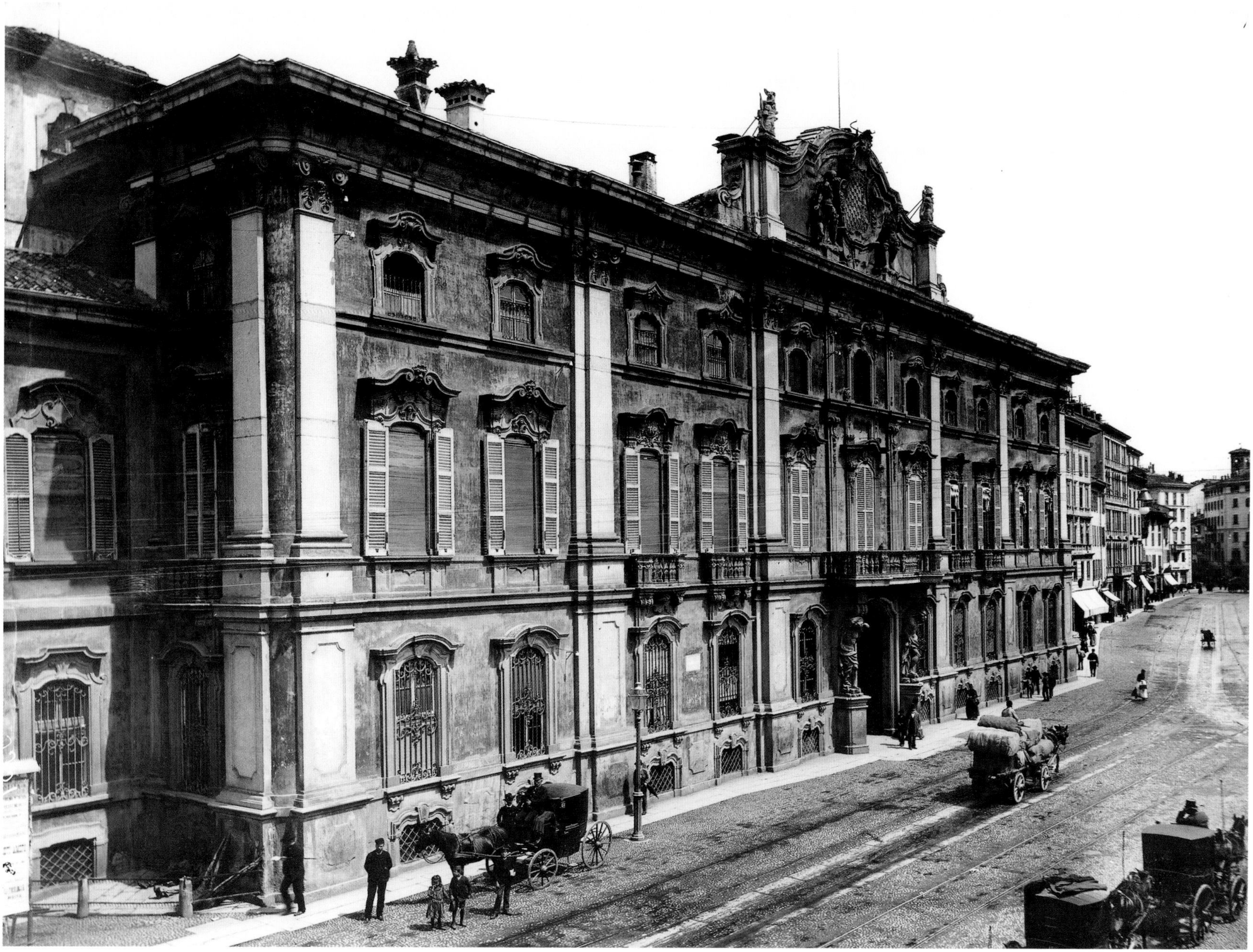

Convento di Santa Maria delle Grazie.
Refettorio. Il Cenacolo, 1890 ca.
Il Cenacolo di Leonardo nella Chiesa delle Grazie è uno dei luoghi più visitati dai turisti. L'ultimo recente restauro ha restituito all'affresco la sua originaria vivacità.
Stabilimento Fotografico dei Fratelli Alinari
Archivi Alinari - archivio Alinari, n. 14502, Firenze

Convent of Santa Maria delle Grazie.
Refectory. The Last Supper, ca. 1890
Leonardo da Vinci's Last Supper in the Church of the Grazie is one of the most popular tourist attractions. The latest restoration has restored life to the fresco.
Stabilimento Fotografico dei Fratelli Alinari
Alinari Archives - Alinari archive, n. 14502, Florence

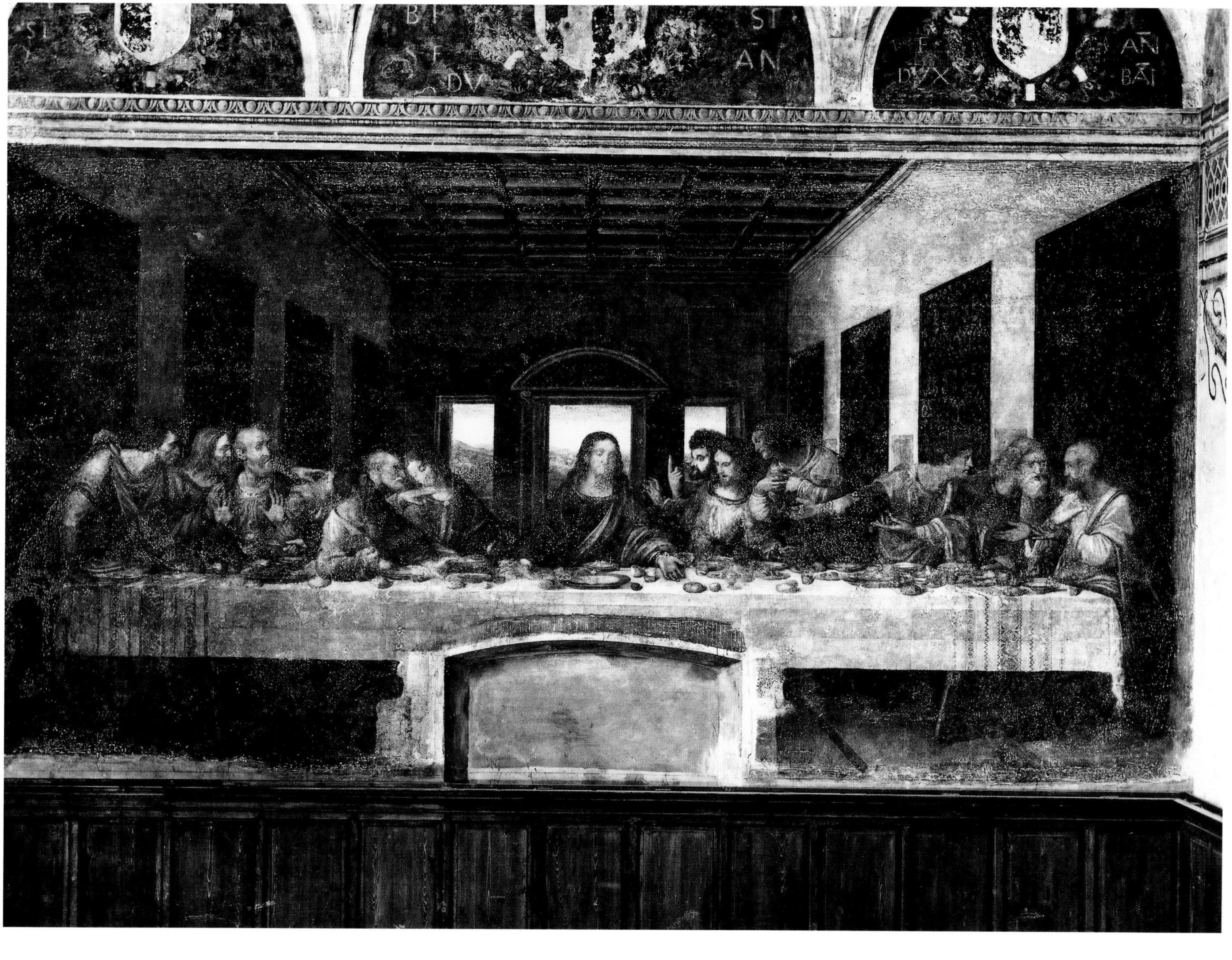

Esposizione Internazionale. Viale del Lavoro, 1906
L'ingresso della Fiera di Milano (detta la Campionaria) con i padiglioni costruiti per l'Esposizione Internazionale del 1906. Dal 2005 la Fiera di Milano ha aperto oltre 400.000 metri quadrati a Rho Pero, nel complesso progettato da M. Fuksas.
Varischi-Artico
Museo di Storia della Fotografia Fratelli Alinari, n. avq 86, Firenze

International Exposition. Viale del Lavoro, 1906
The entrance to the Fair of Milan (known as Campionaria) with the pavilions built for the 1906 International Exposition. Since 2005 Fiera Milano opened over 400.000 m² in Rho Pero, in the complex designed by M. Fuksas
Varischi-Artico
Fratelli Alinari Museum of the History of Photography, n. avq 86, Florence

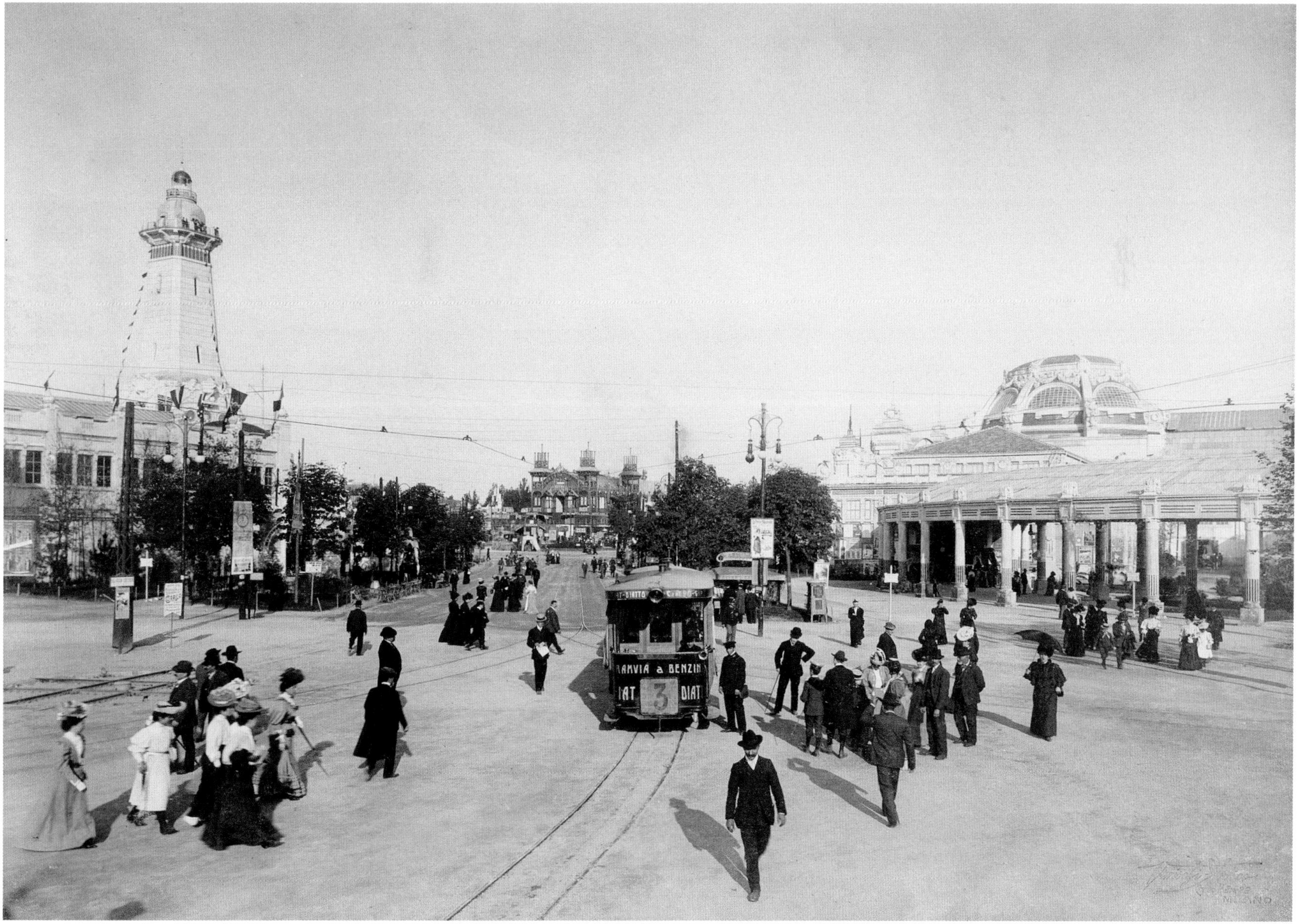
DIATTO
RAMVIA a BENZIN
IAT 3 DIAT
MILANO

Esposizione Internazionale, sezione aeronautica.
L'inaugurazione del parco, 1906
Palloni aerostatici prima della partenza nel Parco Aeronautico allestito per l'Esposizione Internazionale di Milano nel 1906. L'Expo in questo anno dedicò molte manifestazioni alla massima espressione del progresso: il volo. Ascensioni in pallone e precari tentativi di decollo a motore che comunque inaugurarono l'era dei dirigibili.
Varischi-Artico
Museo di Storia della Fotografia Fratelli Alinari,
n. avq 86, Firenze

World Fair, aeronautical section.
The inauguration of the park, 1906
Aerostat balloons before taking off in the Aeronautic Park installed for the World Fair of Milan in 1906: the Expo that year devoted many events to the greatest expression of progress: flight. Balloon ascensions and hazardous attempts at motorized lift-offs inaugurated the era of the dirigible.
Varischi-Artico
Fratelli Alinari Museum of the History of Photography,
n. avq 86, Florence

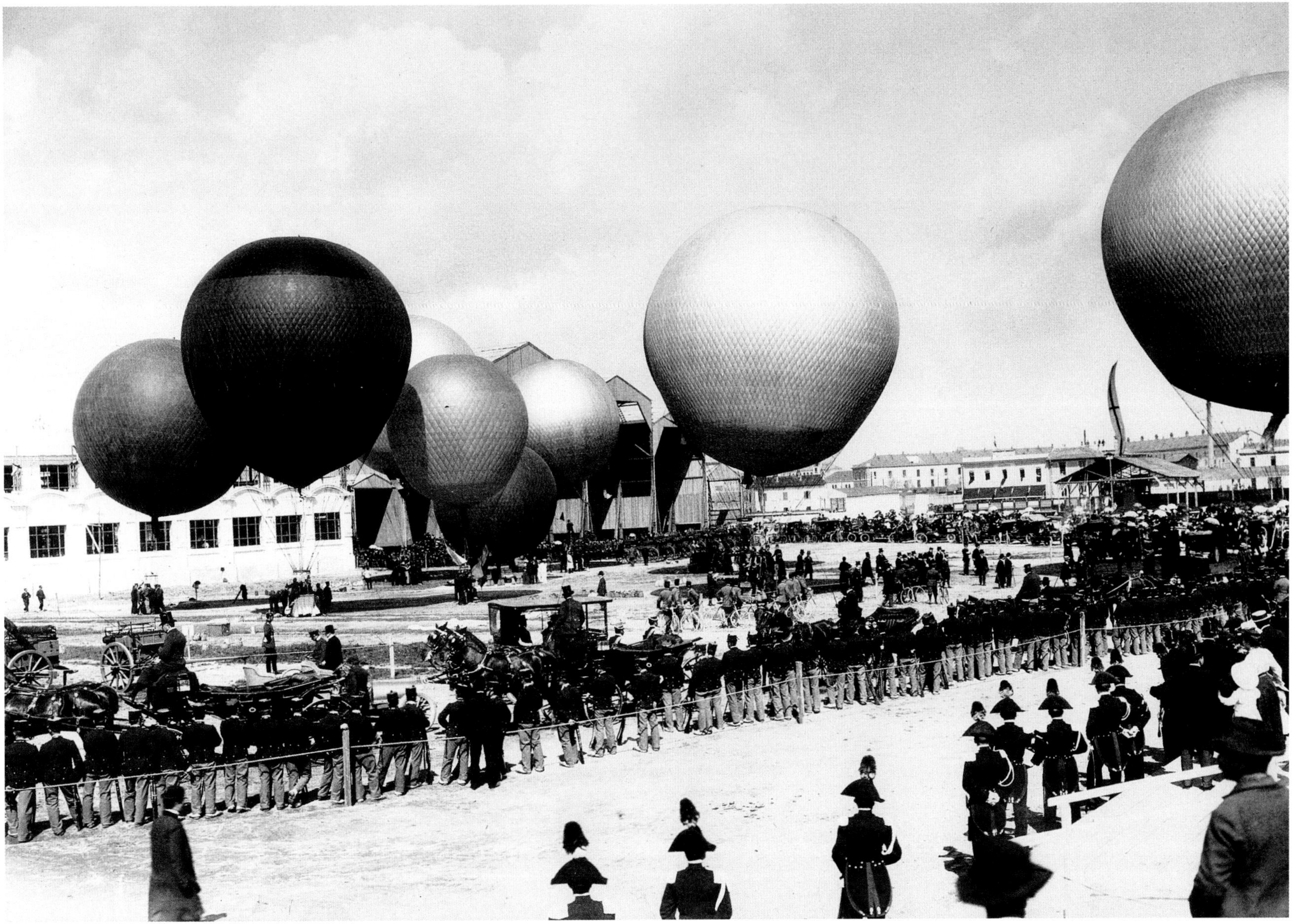

Stazione centrale, 1890 ca.
La vecchia stazione centrale, costruita in stile Liberty nell'attuale Piazza della Repubblica. Da qui si partiva con la ferrovia verso i laghi e i paesi della Brianza dove erano state costruite nel Settecento le "ville di delizia" delle famiglie nobili milanesi. La "stazioncina" fu sostituita nel 1931 con la nuova stazione centrale voluta dal fascismo.
Stabilimento Giacomo Brogi
Archivi Alinari - archivio Brogi, n. 3833, Firenze

Main railroad station, ca. 1890
The old main railroad station, in Art Nouveau style in what is now Piazza della Repubblica. Trains left from here for the lakes and the towns of the Brianza where the "villas of delight" of the Milanese nobility had been built in the eighteenth century. The small station was replaced in 1931 by the new Fascist Main Station.
Stabilimento Giacomo Brogi
Alinari Archives - Brogi archive, n. 3833, Florence

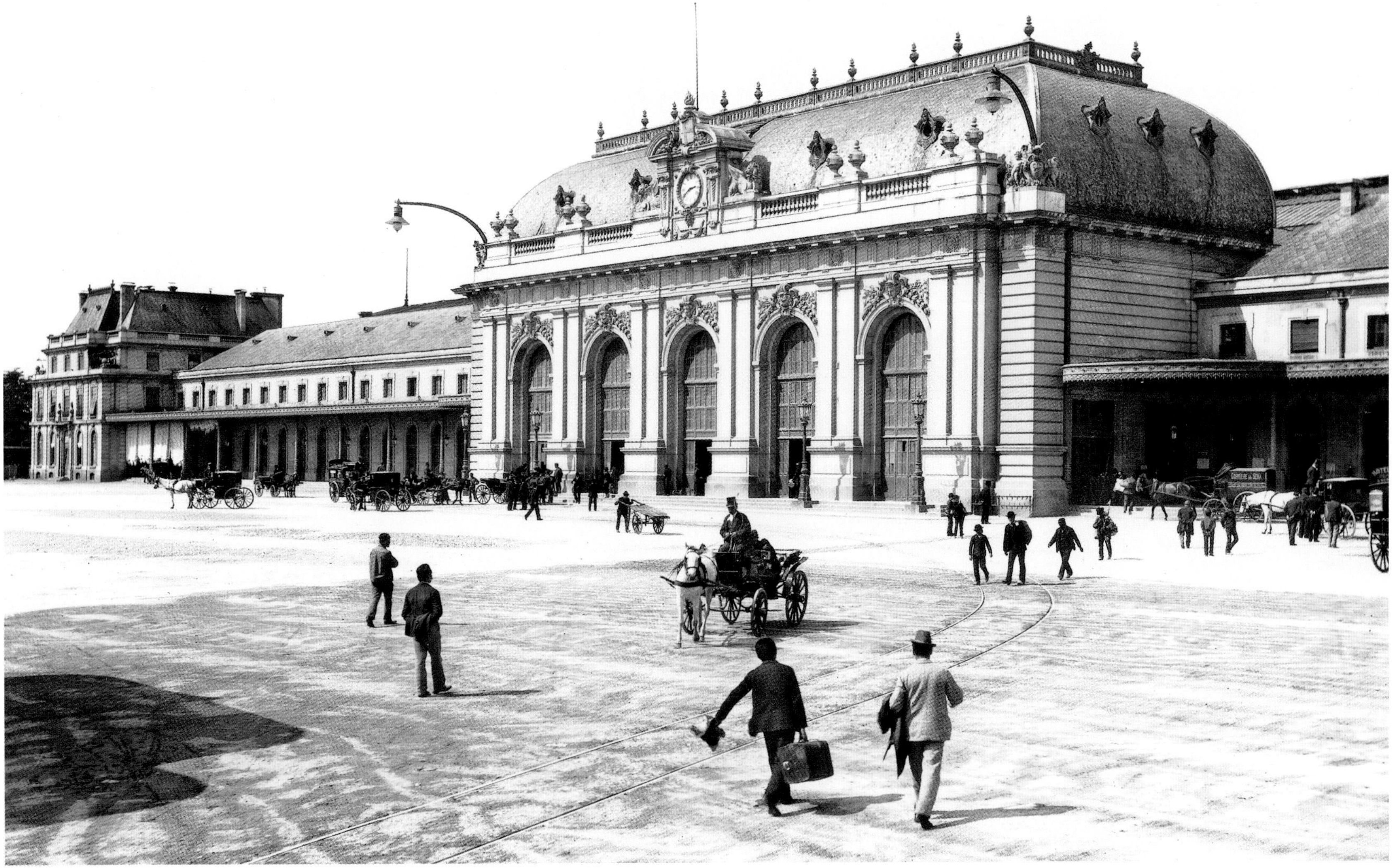

Chiesa di S. Cristoforo al Naviglio, 1932
La chiesa e il ponte di San Cristoforo sul Naviglio nel 1932.
Era usanza, fin dai tempi delle Crociate, che i guerrieri appendessero le chiavi delle cinture di castità (portate dalle loro spose) all'interno della chiesetta.
Stabilimento Fotografico D. Anderson
Archivi Alinari - archivio Anderson, n. 32409, Firenze

Church of S. Cristoforo al Naviglio, 1932
The church and the bridge of San Cristoforo sul Naviglio in 1932. It was customary, from Crusader times, for warriors to hang the keys of the chastity belts (worn by their wives) inside the church.
Stabilimento Fotografico D. Anderson
Alinari Archives - Anderson archive, n. 32409, Florence

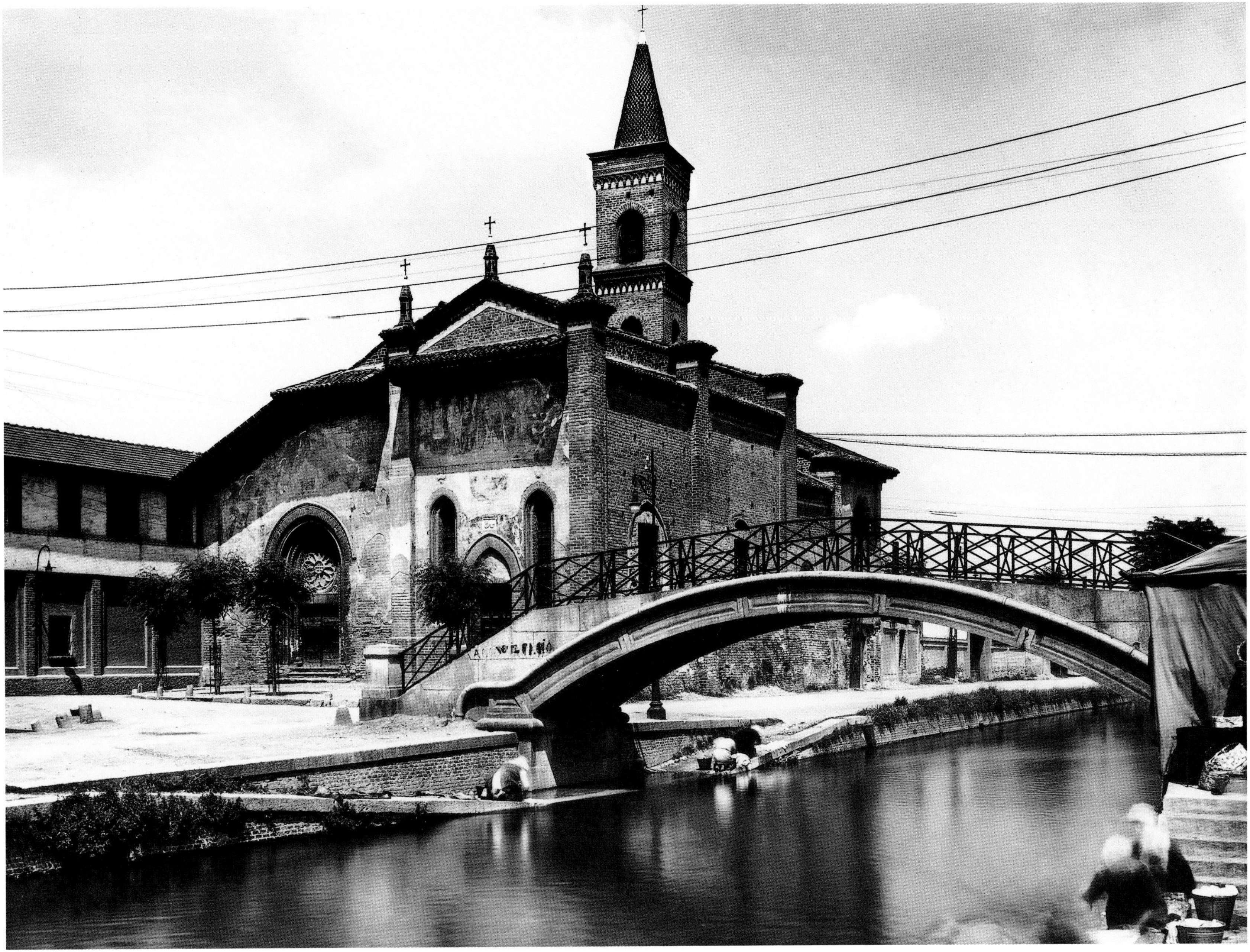

Via del Senato, 1910 ca.
La cosiddetta "Fossa interna" dei Navigli all'altezza
di una chiusa in via del Senato.
La loro copertura, all'inizio degli anni Trenta,
si rese necessaria per ragioni igieniche e per i cattivi odori.
Stabilimento Giacomo Brogi
Archivi Alinari - archivio Brogi, n. 16106, Firenze

Via del Senato, ca. 1910
The so-called "Fossa interna" (inner ditch) of the Navigli abreast of a lock in Via del Senato. The Navigli were covered in the early 1930s as hygienic measures and because of their bad smells.
Stabilimento Giacomo Brogi
Alinari Archives - Brogi archive, n. 16106, Florence

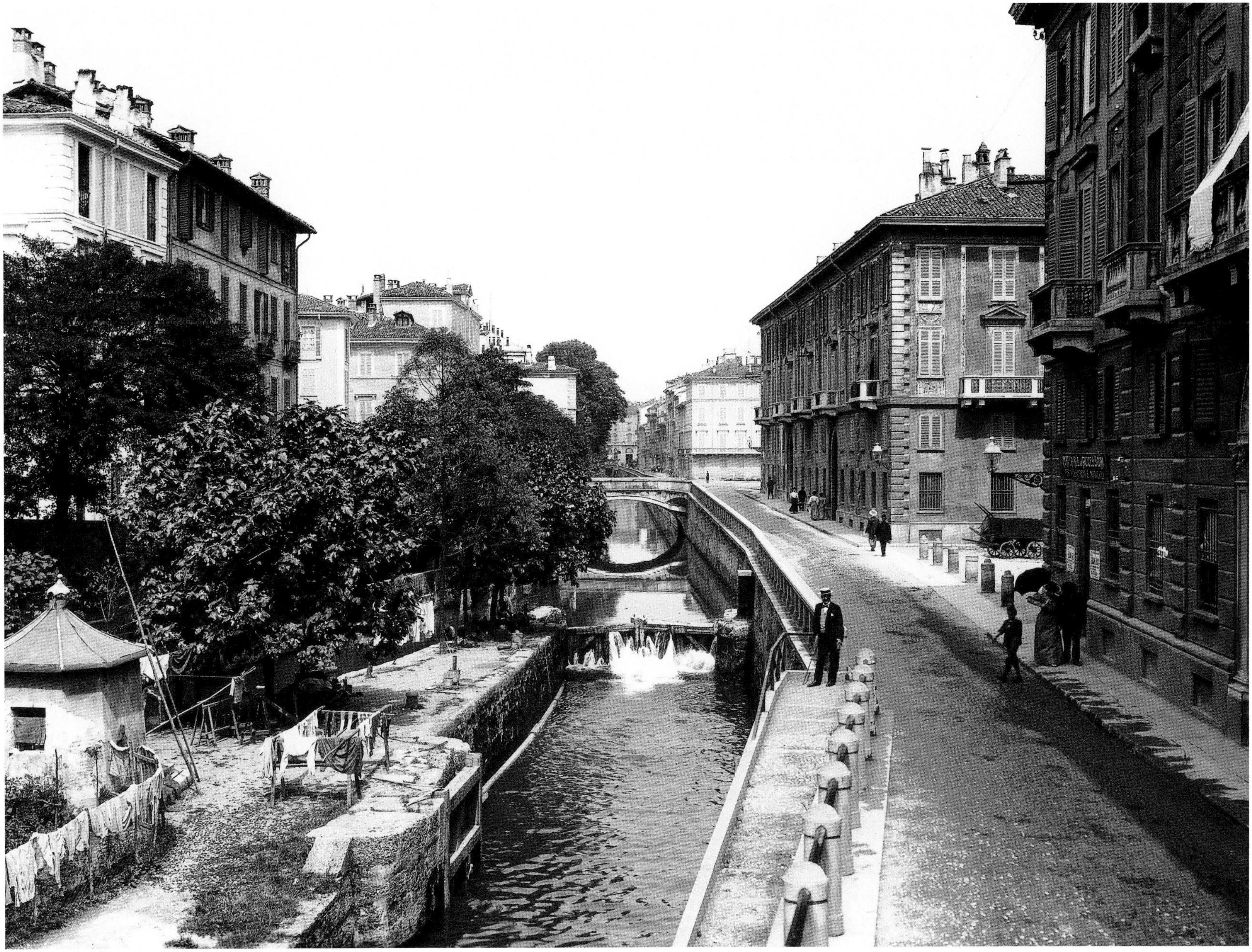

Lavori di copertura del Naviglio in via del Senato, 1930 ca.
Lavori di copertura della fossa interna del Naviglio in via Senato, all'inizio degli anni Trenta. Questa immagine testimonia i lavori che coinvolsero molte zone della città a partire dagli anni venti del Novecento. Scompare quindi la "Milano delle vie d'acqua", per far posto alla "Milano delle auto", togliendo quell'aura romantica che il corso d'acqua comunque suscitava nei passanti.
Fotografo non identificato
Civico Archivio Fotografico, Milano

At work filling in the Naviglio in Via del Senato, ca. 1930
At work covering the inner ditch of the Naviglio in Via Senato, in the early 1930s. This picture bears witness to the work that was going on in many parts of the city beginning with the 1920s. The "Milan of the waterways" disappeared, giving way to the "Milan of automobiles", and passersby were deprived of that romantic aura that a stream of water conveys.
Photographer unknown
Civico Archivio Fotografico, Milan

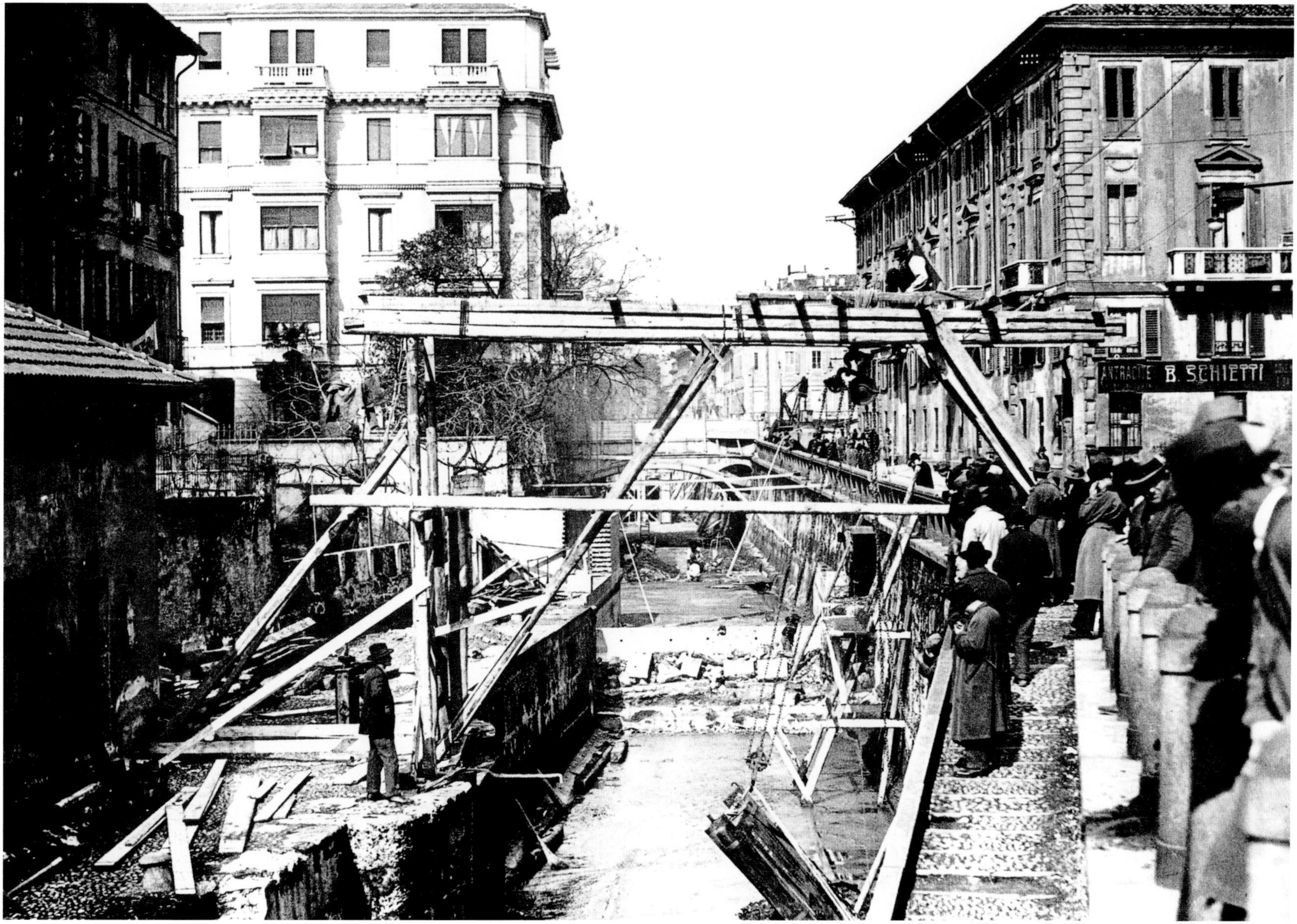
B. SCHIETTI

Naviglio grande, 1910 ca.
Barconi trasportano sull'Alzaia del Naviglio grande il loro carico di angurie della Lomellina. All'epoca erano ancora molto forti i rapporti tra la città e la campagna.
Girolamo Bombelli
Archivi Alinari - archivio Bombelli, n. bfa 4/2, Firenze

Naviglio grande, ca. 1910
Barges carrying loads of watermelons from the Lomellina on the Alzaia of the Naviglio grande. At the time the city and the countryside were still in close contact.
Girolamo Bombelli
Alinari Archives - Bombelli archive, n. bfa 4/2, Florence

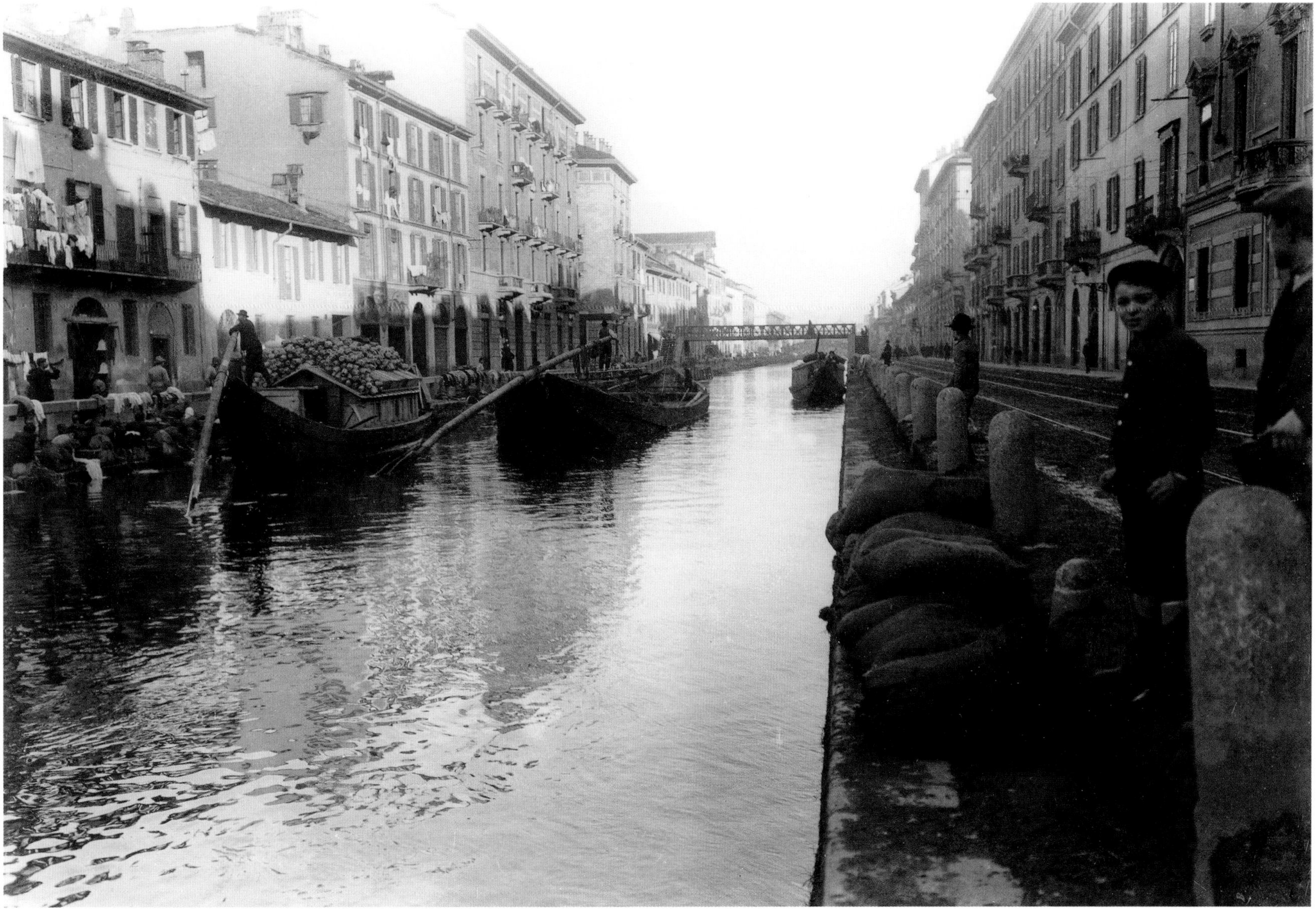

Il Naviglio Pavese, 1910 ca.
Un tratto di Naviglio Pavese nel 1910. Le rive dei due canali derivati dal Ticino erano spesso occupate da fabbriche e laboratori, ma anche da topi che vi scorrazzavano allegramente.
Girolamo Bombelli
Archivi Alinari - archivio Bombelli, n. bfa 46/2, Firenze

The Naviglio Pavese, ca. 1910
A stretch of the Naviglio Pavese in 1910. The banks of the two canals diverted from the Ticino were often occupied by factories and workshops, but also by rats scampering hither and thither.
Girolamo Bombelli
Alinari Archives - Bombelli archive, n. bfa 46/2, Florence

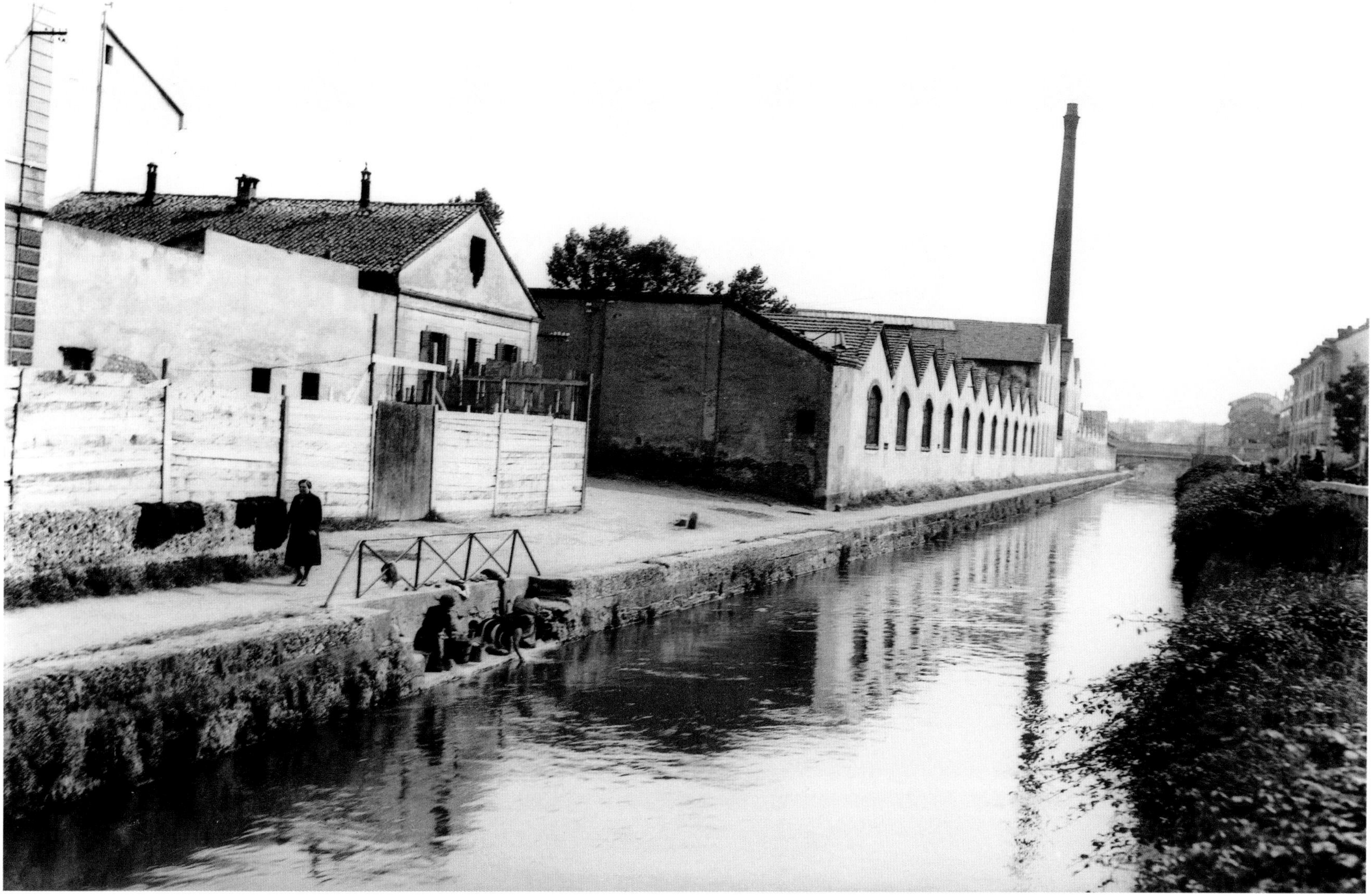

"Fiera di Senigallia", 1940
La gente vi si recava spesso, alla Fiera di Senigallia,
anche nella speranza di ritrovare la bicicletta rubata
oppure il pezzo fuori commercio di un macchinario
non più fabbricato.
Alberto Lattuada
Archivi Alinari - archivio Lattuada,
donazione Lattuada, n. laa 60, Firenze

"Fiera di Senigallia", 1940
People often went to the Senigallia Fair,
in hopes of finding a piece of machinery no longer
on the market or their stolen bicycle.
Alberto Lattuada
Alinari Archives - Lattuada archive,
Lattuada donation, n. laa 60, Florence

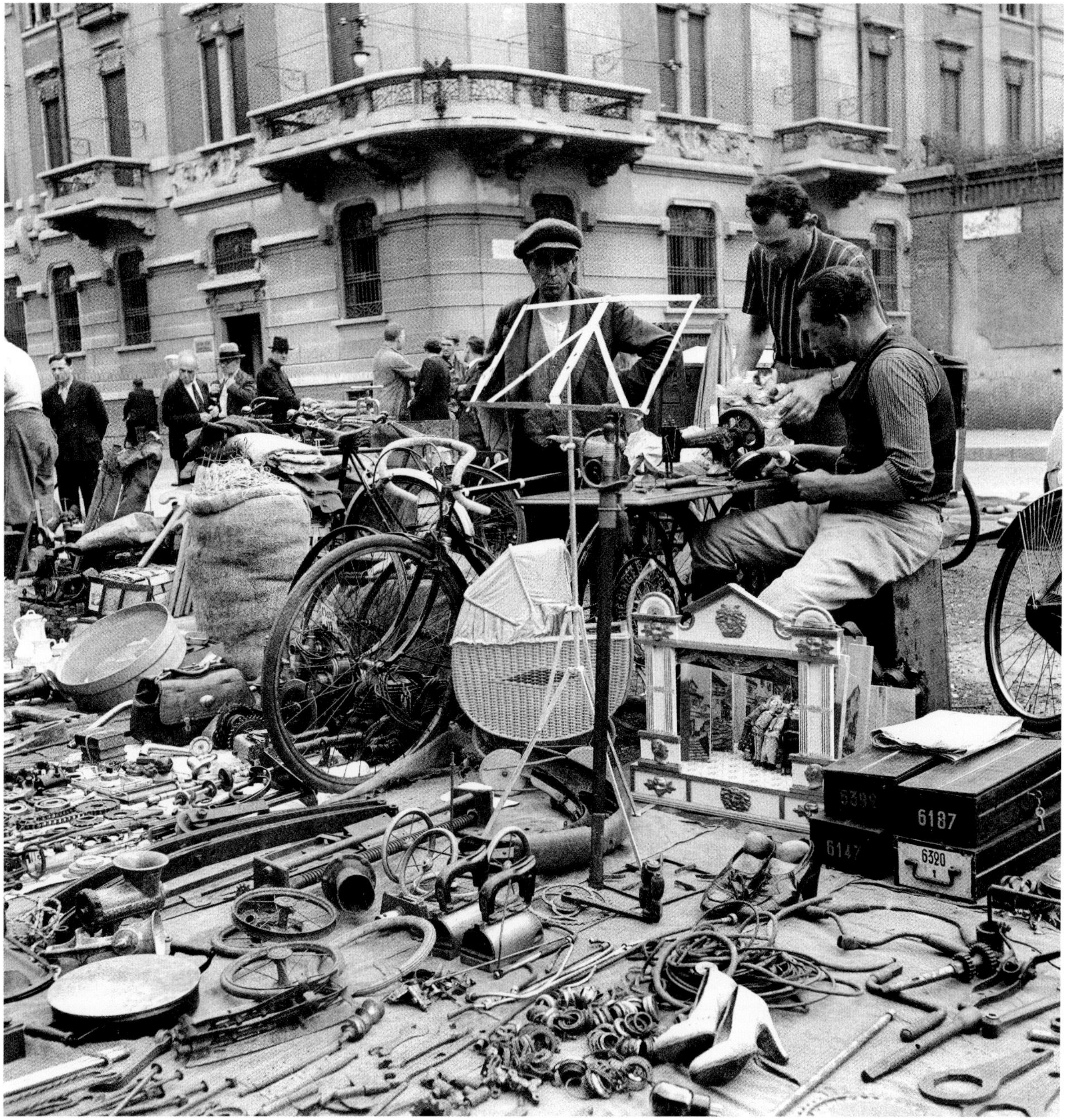
6187
6147
6320

Finito di stampare
nel mese di Ottobre 2010